Ottmar
Wander

Ich bin
allen
alles
geworden

Gesellschaftliche
Milieus
und ihre Relevanz
für die Mission

ADVENT-VERLAG

Projektleitung: Daniel Wildemann (Koautor der Kapitel 1 und 7)
Redaktionelle Bearbeitung: Daniel Wildemann, Inga Bertz
Korrektorat: Inga Bertz
Einbandgestaltung: Simon Eitzenberger, desim.de
Satz: rimi-grafik, Celle
Gesamtherstellung: Thiele & Schwarz GmbH, Kassel

Die Bibelzitate sind – falls nichts anderes vermerkt ist – der *Lutherübersetzung* (revidiert 2017), © 2016 Deutsche Bibelgesellschaft, Stuttgart, entnommen. Ansonsten bedeuten:

EB   = *Revidierte Elberfelder Bibel*
         (© 1985/1991/2006 SCM Verlagsgruppe GmbH, Witten)
GNB = *Gute Nachricht Bibel,* revidierte Fassung
         (© 2000 Deutsche Bibelgesellschaft, Stuttgart)
Hfa = *Hoffnung für alle*
         (© 2002 International Bible Society, Basel/Gießen)

© 2018 Advent-Verlag GmbH
Pulverweg 6, 21337 Lüneburg, www.advent-verlag.de

ISBN 978-3-8150-1973-3

Inhalt

Vorwort

Der Missionsauftrag ist eine große Vision, die an eine Utopie grenzt. Jesus forderte seine Nachfolger auf: „Geht nun hin und macht alle Nationen zu Jüngern." (Mt 28,19 EB) Wie sollte das je erreicht werden können?

Das Evangelium wurde von Jesus *global* verstanden, seinen Jüngern verhieß er: „Ihr [...] werdet meine Zeugen sein in Jerusalem und in ganz Judäa und Samarien und bis an das Ende der Erde." (Apg 1,8) Es sollte über alle Grenzen hinweg „gepredigt werden [...] in der ganzen Welt zum Zeugnis für alle Völker" (Mt 24,14). Es sollte sich in konzentrischen Kreisen ausbreiten: von der Stadt Jerusalem in die Region, von da in die benachbarte Region und von dort bis an das Ende der Erde – also ohne Grenzen. Die Botschaft der Erlösung war außerdem *überzeitlich*. Als „ewiges Evangelium" (Offb 14,6), das „in Christus Jesus vor ewigen Zeiten gegeben" worden war (2 Tim 1,9 EB), gilt es epochenübergreifend.

Mit anderen Worten: Erlösung war zwar regional und im konkreten kulturellen Kontext einer bestimmten Epoche erfahrbar, doch ist sie weder an Zeit noch an Raum gebunden. Damit hatte die Botschaft selbst etwas Übernatürliches, ja geradezu Göttliches. Sie stand für sich, und doch verbreitete sie sich nicht von alleine. Die Botschaft bedurfte williger und fähiger Menschen, die sie weitergaben. Es gefiel Gott, durch „die Torheit der Predigt selig zu machen, die da glauben" (1 Kor 1,21).

Gerade das ist das Paradox der Mission. Gott und Mensch wirken zusammen, um die Erlösung den Mitmenschen nahezubringen. Es überrascht daher nicht, dass in den genannten Beispielen der Missionsauftrag stets an die Zusage des göttlichen Beistands geknüpft war: Der Auferstandene im Matthäusevangelium hat „alle Gewalt im Himmel und auf Erden" und verspricht seinen Jüngern, „ich bin bei euch alle Tage bis an der Welt Ende" (Mt 28,18.20). Der Ankündigung zur letztlich globalen Mission in der Apostelgeschichte ging die Zusage voraus: „Ihr werdet die Kraft des Heiligen Geistes empfangen." (Apg 1,8) Und in der Offenbarung steht die weltweite Verkündigung des ewigen Evangeliums unter dem Geleit eines Engels (Offb 14,6).

Unter genau diesen Voraussetzungen hatte die Verkündigung der christlichen Botschaft ihren unvergleichlichen Erfolg wie das Buch der Apostelgeschichte berichtet. Machen wir jedoch einen großen Sprung in die Gegenwart, so müssen wir einsehen, dass die christliche Mission in unseren Breitengraden kaum mehr Fortschritte macht.[1] Gleichlautende Meldungen zu Kirchenaustritten wie „Wieder eine halbe Million weniger Christen"[2], Bücher mit Titeln wie *Kirchenkrise*[3] oder *Kirchendämmerung*[4], die Ursachenforschung betreiben, und das geflügelte Wort vom „nachchristlichen Zeitalter" sind nur einige Hinweise auf die aktuelle Relevanzkrise des Christentums. Bei den Siebenten-Tags-Adventisten stagniert die Mitgliederentwicklung in Deutschland

---

[1] Laut eines Berichtes von *idea Spektrum* verzeichneten in den Jahren 2006 bis 2016 unter Freikirchen allein der Bund Freikirchlicher Pfingstgemeinden (plus 44 Prozent) und der Bund Freier evangelischer Gemeinden (plus 17 Prozent) ein Wachstum. Quelle: *idea Spektrum*, 5. Oktober 2017, S. 13.

[2] Rainer Woratschka, „Wieder eine halbe Million weniger Christen", auf: tagesspiegel.de, 21.7.2017, www.tagesspiegel.de/politik/kirchenaustritte-in-deutschland-wieder-eine-halbe-million-weniger-christen/20092970.html (letzter Zugriff: 17.8.2018).

[3] Franz-Xaver Kaufmann, *Kirchenkrise – Wie überlebt das Christentum?*, Freiburg 2011.

[4] Friedrich Wilhelm Graf, *Kirchendämmerung: Wie die Kirchen unser Vertrauen verspielen*, München 2013.

seit vier Jahrzehnten und ist seit 2005 sogar leicht rückläufig.[5] Auch weltweit sollte die stolze Zahl von über 20 Millionen Mitgliedern nicht über die mittlerweile gut belegte hohe Austrittsrate hinwegtäuschen.[6]

Es herrscht eine gewisse Ratlosigkeit unter den „Heimatmissionaren". Diese Ratlosigkeit führt im Wesentlichen zu zwei Reaktionen: zur Resignation einerseits und einer Kampfansage andererseits. Die These der einen lautet: „Mission funktioniert nicht mehr – wenn sie es überhaupt einmal tat – und sollte konsequenterweise aufgegeben werden", der Schlachtruf der anderen verkündet: „Jetzt erst recht! Auf ein Neues, müde Christenheit!" Letzterer kann unterschiedliche Formen annehmen, von der Suche nach innovativen Wegen und Methoden über tapfere Durchhalteparolen bis hin zur sturen Weiterführung von Herangehensweisen, die früher einmal funktionierten.

Fakt ist, die Botschaft vom Evangelium hat es schwer. Sie kommt immer seltener beim Empfänger an. Der Transfer scheint nur noch in seltenen Ausnahmefällen zu glücken. Warum? Die

---

[5] 1951 wurde mit 44.609 getauften Gliedern der höchste Stand verzeichnet, 1965 waren es erstmals unter 40.000 (39.788) und 1985 erstmals unter 35.000 (34.822). Zwischen 1995 und 2011 stieg die Mitgliederzahl nochmals knapp über 35.000 und blieb dann aber mehr oder weniger bei dieser Marke stehen, sodass die Freikirche der Siebenten-Tags-Adventisten in Deutschland im Jahr 2017 34.948 getaufte Mitglieder verzeichnen konnte. (Quelle: APD)
In der Österreichischen Union (ÖU) und der deutschsprachigen Schweiz (DSV) ist die Mitgliederentwicklung aktuell positiver. Auch wenn in beiden Ländern das Wachstum seit den 1950er Jahren zwischenzeitliche Plateaus erreichte (in A von 1951 bis 1975 bei etwa 2.600; in der CH von 1971 bis 2003 bei etwa 2.250 – jeweils mit geringfügigen Schwankungen), verzeichneten sowohl die ÖU als auch die DSV in den vergangenen beiden Jahren den höchsten Mitgliederstand ihrer Geschichte. 2016 erreichte die DSV mit 2.576 ihre bisherige Bestmarke; die ÖU hat sich in 70 Jahren von 2.122 (1947) auf 4.246 (2017) verdoppelt. (Quelle: Sekretariate der ÖU und DSV)

[6] So haben sich laut des Büros für Archive, Statistiken und Forschung der Generalkonferenz in den Jahren 2000 bis 2012 zwar 13,6 Millionen Menschen der Kirche angeschlossen, doch haben 5,9 Millionen Mitglieder sie auch wieder verlassen. Das entspricht einer Verlustrate von 43,4 auf 100 neue Mitglieder. Quelle: *Adventisten heute*, Dezember 2013, S. 5.

Antworten darauf bleiben vielschichtig, haben aber sicherlich mehr mit dem Sender und der Art und Weise der Übermittlung zu tun als mit dem Empfänger oder gar der Botschaft selbst. Es ist möglich, in bester Absicht fromm aneinander vorbeizureden. Geschichtlich gesehen war die christliche Mission schon immer eine Übersetzungsleistung. Durch den Heiligen Geist waren die Jünger befähigt, in Sprachen zu reden, die von allen verstanden wurden, sodass sie „ein jeder in unserer eigenen Mundart, in der wir geboren sind", verstehen konnte (vgl. Apg 2,4–6.8 EB). Die Hörerschaft setzte sich aus unterschiedlichsten Nationen zusammen: „Parther, Meder oder Elamiter [...]. Andere von uns kommen aus Mesopotamien, Judäa, Kappadozien, Pontus und der Provinz Asia, aus Phrygien, Pamphylien und aus Ägypten, aus der Gegend von Kyrene in Libyen und selbst aus Rom. Wir sind Juden oder Anhänger des jüdischen Glaubens, Kreter und Araber." (Apg 2,9–11 Hfa)

Verkündigen bedeutet immer auch Übersetzen. Wohin das Evangelium heute übersetzt werden kann – und noch muss –, um Glaube relevant zu kommunizieren, zeigt das vorliegende Buch. Die Frontlinie christlicher Mission liegt für einen Großteil der Gläubigen unseres Kulturkreises nicht in Afrika oder Fernost, sondern zwischen Aarau und Fehmarn, zwischen Aachen und Villach. Offiziell wird dort überall Deutsch gesprochen, aber zugleich existiert eine Vielzahl von Dialekten und Soziolekten, die eine flächendeckende Verständigung erschweren. Es gibt heute neuartige „Nationen, Stämme, Sprachen und Völker" (Offb 14,6), in die das ewige Evangelium noch übersetzt werden muss: Es sind die verschiedenen sozialen Milieus, Subkulturen, Mundarten oder auch On- und Offline-Communitys. Wie kann eine Übersetzung des Evangeliums in diese unterschiedlichsten Lebenswelten besser oder überhaupt gelingen?

Selbstverständlich standen den ersten christlichen Missionaren noch keine Zielgruppenanalysen und Marktforschungsinstrumente zur Verfügung wie uns heute, und auf manch einen mögen diese Hilfsmittel wie soziologische Modeerscheinungen wirken. Fest steht jedoch, dass die ersten Christen auf eine entsprechende kulturelle und subkulturelle Verständigung hinwirkten, um ihren Auftrag zu erfüllen.

Ich bin allen alles geworden vermittelt dem Leser eine übergeordnete Perspektive auf die Fragestellung der christlichen Mission im 21. Jahrhundert, indem es

- einer adventistischen Leserschaft erstmals den Milieuansatz vorstellt, der in Deutschland, Österreich und der Schweiz grundsätzliche Ähnlichkeiten aufweist,
- einen umfassenden Einblick in die Einstellungen der unterschiedlichen Milieus bezüglich Religion und Glaube bietet,
- zeigt, für welche Milieus die beiden großen Kirchen bereits am meisten Relevanz haben,
- auf erste Trends zur Milieuverteilung bei Siebenten-Tags-Adventisten hindeutet
- und einlädt, vor dem Hintergrund all dieser Fakten weiterzudenken und Fragen zu stellen wie die folgenden: Welche Milieusprachen sprechen Christen und Adventisten im Besonderen eigentlich und welche müssen sie neu erlernen? Wie kann sich der Einzelne oder die Ortsgemeinde darauf einstellen?

Wir wünschen unseren Lesern eine anregende und gewinnbringende Lektüre. Gottes Werk der Evangeliumsverkündigung in Deutschland, Österreich und der Schweiz ist noch längst nicht abgeschlossen. Möge der Herr den bisherigen Arbeitern noch viele neue an die Seite stellen, denn „hier wartet eine reiche Ernte" (Lk 10,2 GNB).

Lüneburg, im September 2018
Daniel Wildemann

Einleitung

„Komm herüber und hilf uns!" So klingt es mir noch in den Ohren. Es war 1986, als ich auf einer Vereinigungskonferenz im Süddeutschen Verband am Nachmittag eine Tonbildschau der Abteilung Buchevangelisation miterlebte. Sie zeigte an einer Stelle eine Darstellung von Paulus und seiner Vision vom „Mann aus Mazedonien" (Apg 16,9). Zu diesem Dia ertönten die Worte: „Komm herüber und hilf uns!" Was als Motivation zur Tätigkeit als Buchevangelist gedacht war, löste bei mir einen ganz anderen Effekt aus. Ich hörte auf allen drei Vereinigungskonferenzen bei diesem Satz eine innere Stimme, die sagte: „Werde Prediger!" Nachdem ich dieses Erlebnis also dreimal gehabt hatte, ging ich schließlich zum Infostand der Marienhöhe und füllte das Anmeldeformular für das Theologiestudium aus.

„Komm herüber und hilf uns!" Was dieser Satz alles an Assoziationen und Bildern in mir auslöste, verstand ich erst in den Jahren danach immer besser. Schon im Studium stieß ich auf die ersten Exemplare der Zeitschrift *Praxis* von Christian A. Schwarz. Dort lernte ich sein Modell der Natürlichen Gemeindeentwicklung (NGE) kennen. Ich war fasziniert von der Idee, durch den Gemeindetest einen konkreten Ansatzpunkt für die Gemeindeentwicklung zu ermitteln. Denn eines war für mich damals schon klar: Gemeinde hat nur Relevanz und damit eine Chance auf Wachstum, wenn nicht alles so bleibt, wie es ist. Mein Thema war – und ist bis heute –, Zukunft zu gestalten. Bewahrung und Verwaltung der Vergangenheit und der damit gewachsenen Strukturen sah ich nie als meine Berufung. „Komm herüber und hilf uns!" hieß – und heißt – für mich, dass wir als Gemeinden lernen müssen, vertrautes „altes Land" zu verlassen und „neues Land" zu betreten. Mit diesem Verständnis meines Berufungserlebnisses und dieser Blickrichtung machte ich mich also auf den Weg, Prediger zu werden.

Ein weiterer Mosaikstein auf meinem Weg, neues Land zu betreten, war eine Intensivschulung für Missionare im Sommer 1989. In den Sommerferien fand diese vierwöchige Ausbildung auf dem Seminar Marienhöhe statt. Es gab zwei oder drei Teilnehmerplätze für interessierte Predigerschüler, und ich bekam einen dieser Plätze. Die Weite und Offenheit, die diese in der praktischen Missionsarbeit erfahrenen Lehrer an den Tag legten, faszinierten und begeisterten mich. Ich genoss diese Horizonterweiterung. Jeder Teilnehmer musste eine Abschlussarbeit verfassen. Mich inspirierte der Bibelabschnitt in 1. Korinther 9,19–23. Paulus beschreibt hier, dass er „allen Menschen alles geworden ist", um das Evangelium möglichst weit zu verbreiten. Die Faszination, das Evangelium auf diese Art und Weise zu verbreiten, ließ mich nicht mehr los.

1990 begann ich meinen Dienst als Prediger und hoffte, möglichst schnell meine Berufung und die im Studium erhaltenen Impulse umsetzen zu können. Und es schien schneller zu geschehen, als ich erwartet hatte, denn schon nach drei Jahren wurde ich Bezirksprediger. Ich begann mit dem NGE-Gemeindetest, mit Impulsen zur Gemeindeentwicklung in Predigten, Seminaren und Andachten, mit Planungen im Gemeindeausschuss und so weiter. Aber statt begeisterter Aufbruchstimmung erlebte ich verhaltene Reaktionen und gedämpfte Widerstände. Ich fragte mich: Was war nur los mit den Gemeinden? Machte ich in meiner Unerfahrenheit als Berufsanfänger noch zu viele Führungsfehler? Ein Gespräch mit den beiden Gemeindeältesten der zwei Gemeinden, die ich damals leitete, wurde zu einer ersten inneren Belastungsprobe für mich. Beide versuchten sehr freundlich, mich auf Vergangenheitspflege und Bestandserhaltung der gewachsenen Strukturen „einzuordnen". Sicher meinten sie es gut mit mir als jungem Stürmer und Dränger. Aber ich war verwirrt. Würde so Zukunft gestaltbar sein?

Auf meiner Suche nach Orientierungshilfe stieß ich auf die biblisch-therapeutische Seelsorge (BTS). Ich war der Überzeugung, noch zu wenig über den Menschen verstanden zu haben. Das betraf sowohl mich selbst als auch die Gemeinden und vor allem die einzelnen Gemeindeglieder. Die Zeit in der Ausbildung zum BTS-Seelsorger brachte viele Erkenntnisse über mich ans Tageslicht. Und eine wesentliche Einsicht war für mich: Jeder ist anders normal. Es entlastete mich sehr, Menschen, die eine abweichende Meinung und Sicht im Vergleich zu meiner hatten, nicht länger als Objekte meiner Veränderungsbemühungen zu betrachten, sondern einfach als „anders normal". Aber meine drängendste Frage blieb unbeantwortet: Wie kann ich mit den Gemeinden neues Land betreten, also meiner Berufung folgen?

Es folgten Jahre, in denen ich in verschiedenen Gemeindebezirken in drei Vereinigungen immer wieder das gleiche Erlebnis hatte: Es war der latente, indirekte oder manchmal auch offene Widerstand gegen alle Entwicklungen, wie sie mir als Auftrag Gottes vor Augen standen. In Gesprächen mit Kollegen bekam ich ähnliche Erlebnisse zu hören. Häufig wiederholten sich Berichte, die vom erfolglosen Bemühen des Predigers sprachen, die Gemeinde durch einen Veränderungsprozess zu führen. Oft schien das Denken der Gemeindeglieder mehrheitlich an dem Punkt stehen geblieben zu sein, wo vor Jahren mit einem Prozess der Veränderung begonnen worden war. Wie könnte eine Gemeinde, die sich an der Vergangenheit orientierte und diese zu bewahren suchte, dazu bereit werden, neues Land zu betreten und die Zukunft zu gestalten?

Ich suchte nach Lösungen, indem ich mich fortwährend weiterbilden ließ. Noch immer sah ich in meinen mangelnden Führungskompetenzen die Hauptursache für die nicht erreichte Nachhaltigkeit in den von mir angestrebten Entwicklungsprozessen.

Während ich in Nordrhein-Westfalen tätig war, initiierte die Abteilung für Gemeindeaufbau einen vereinigungsweiten Prozess für Gemeindeentwicklung. Als Grundlage diente die Natürliche Gemeindeentwicklung – das Modell von Christian A. Schwarz. Viele Gemeinden nahmen daran teil. Ich hatte in diesem Zusammenhang die Möglichkeit, zum NGE-Coach ausgebildet zu werden. Drei Gemeinden begleitete ich durch diesen Prozess. In zwei dieser Gemeinden beendeten wir ihn nach einiger Zeit, weil er offensichtlich an den Bedürfnissen der Gemeindemehrheit vorbeiging. Etliche Gemeindeglieder blieben den Entwicklungen gegenüber passiv, einige agierten auch offen dagegen. Damit fehlte der jeweils kleinen Gruppe, die diesen Prozess gerne umgesetzt hätte, der Rückhalt in den Gemeinden. Immer wieder trieb mich die Frage um, was dazu führte, dass so viele Gemeindeglieder solchen Bemühungen distanziert gegenüberstanden und die Chance darin nicht erkannten.

Weshalb schreibe ich diese Erlebnisse und meine damit verbundenen Fragen hier einleitend auf? Um die Leser auf meine persönliche Entwicklungsreise mitzunehmen und ihnen zu verdeutlichen, warum ich im Modell der Sinus-Milieus® hilfreiche Antworten auf meine offenen Fragen gefunden habe. Anfang 2014 absolvierte ich die Ausbildung zum Berater für Sinus-Milieus® im kirchlichen Bereich und möchte nun meine Erkenntnisse einer interessierten Leserschaft weitergeben. Dieses Buch versteht sich als Türöffner, um diesen Ansatz weiterzuverfolgen und meine Beobachtungen zur Kirche der Siebenten-Tags-Adventisten im Rahmen der Sinus-Milieus® zu vertiefen.

1

Das Anliegen der Mission

Die Schöpfung als Akt der Kommunikation

Kommunikation ist die grundlegendste Voraussetzung, um Beziehungen zu pflegen. Wenn im Schöpfungsbericht der Bibel zu lesen ist, dass Gott die Welt durchs Sprechen ins Dasein rief,[1] dann wird damit auch betont, dass Gott von Anbeginn in Beziehung zur geschaffenen Welt und zu seinen Geschöpfen steht. Die geschaffene Welt kommuniziert unentwegt, wenn auch „ohne Sprache und ohne Worte" (vgl. Ps 19,2–5). Auch der paradiesische Mensch steht in Beziehung zur gesamten geschaffenen Welt: zu den Pflanzen (vgl. 1 Mo 2,8), zu den Tieren (vgl. 1 Mo 2,19), zum Mitmenschen (vgl. 1 Mo 2,22–23) und zu Gott, der ihn „zu seinem Bilde" machte (1 Mo 1,27).

Die Geschichte vom Sündenfall ist gleichbedeutend mit dem Verlust der uneingeschränkten Kommunikation. Fortan ist das In-der-Welt-Sein des Menschen überschattet, und seine Beziehungen sind belastet – der Mensch ist gewissermaßen „beziehungsgestört". Diese Störung betrifft sämtliche Bereiche: seine Beziehung zur Welt, zu seinen Mitmenschen, zu Gott und sogar zu sich selbst. Er verliert die Fähigkeit, uneingeschränkt, das heißt ohne Misstrauen und Missverständnisse, zu kommunizieren. Diese neue Einschränkung rührt laut Bibel von den Gefühlen

---

[1] Siehe die Formulierung „Und Gott sprach" (1 Mo 1,3.6.9.11.14.20.24.26.28–29).

Furcht und Scham her (vgl. 1 Mo 3,10). War Kommunikation zuvor ein unmittelbares Erkennen[2], so ist sie nach dem Fall (oder besser Bruch) jeweils nur eine vage Annäherung und damit Vermutungswissen. Paulus beklagte diesen vorläufigen Charakter des Erkennens in seinem Hohelied der Liebe: „Jetzt erkenne ich stückweise; dann aber werde ich erkennen, gleichwie ich erkannt bin." Das zuvor blinde Verständnis wurde zu einem „Spiegel in einem dunklen Bild" (1 Kor 13,12).

Die Erlösung leitet die Wende und Versöhnung der gefallenen Welt ein (vgl. 2 Kor 5,19). In diesem Sinne ist sie Wiederherstellung, sie heilt die Angst und Scham des Menschen und macht ihn wieder beziehungsfähig – und zwar auf allen Ebenen. Der verlorene Mensch ist seither ein Gesuchter, der sich von Gott finden lässt („Adam, wo bist du?", 1 Mo 3,9 Hfa). Welche Wege der Kommunikation Gott dabei wählt, wird weiter unten erläutert („Gottes vielfältige Wege der Kommunikation").

Das Ziel der Erlösung ist ganzheitliche Heilung. Die Bibel verwendet unterschiedliche Begriffe für diesen Prozess der Wiederherstellung. Einer davon ist Wachstum. Der mit Gott und der Schöpfung versöhnte Mensch wächst in Christus „zum vollendeten Menschen" (Eph 4,13). Wie Jesus in allen Bereichen des menschlichen Lebens wuchs – „Jesus nahm zu an Weisheit, Alter und Gnade bei Gott und den Menschen" (Lk 2,52) –, so soll auch der Erlöste wachsen, er soll sich mental, körperlich, geistlich und sozial entwickeln.[3]

---

[2] Der hebräische Begriff *jada* (erkennen, vertraut sein) leitet sich von *jad* (Hand) ab und ist vergleichbar mit dem Deutschen „begreifen". *Jada* ist in der Bibel auch ein Synonym für die sexuelle Vereinigung von Mann und Frau (vgl. 1 Mo 4,1). Auch Gott „erkennt" den Menschen, ist mit ihm vertraut und sucht eine innige Beziehung zu ihm.

[3] Übrigens sind diese Dimensionen auch in der sogenannten Goldenen Regel enthalten: „Du sollst den Herrn, deinen Gott, lieben mit deinem ganzen Herzen und mit deiner ganzen Seele und mit deinem ganzen Verstand. [...] Du sollst deinen Nächsten lieben wie dich selbst." (Mt 22,37.39 EB); Zitat aus 5. Mose 6,5: „Und du sollst den HERRN, deinen Gott, lieb haben von ganzem Herzen, von ganzer Seele und mit all deiner Kraft."

Ein weiterer Begriff, den die Bibel für diese angestrebte Vollkommenheit[4] verwendet, ist das hebräische Wort *schalom*, das gemeinhin mit „Friede" übersetzt wird. *Schalom* hat eine Vielzahl von Bedeutungen, die die Vorstellung der Ganzheitlichkeit unterstreichen: „vollkommen, unversehrt sein" oder „Wohlbefinden, äußeres und geistliches Gedeihen". „*Schalom* ist auch ein Begriff der Beziehung", unterstreicht das *Lexikon zur Bibel*, „er bezeichnet das gute Verhältnis zwischen verschiedenen Personen."[5]

Im Neuen Testament ist Jesus der verheißene „Friede-Fürst" (Jes 9,5), der das Volk „auf den Weg des Friedens" (Lk 1,79) lenkt. Er war gesandt, „zu verkündigen das Evangelium den Armen, zu predigen den Gefangenen, dass sie frei sein sollen, und den Blinden, dass sie sehen sollen, und die Zerschlagenen zu entlassen in die Freiheit und zu verkündigen das Gnadenjahr des Herrn" (Lk 4,18–19).

Jesus bringt *Schalom*, jenen ganzheitlichen Frieden. Er feiert zunächst eine Hochzeit in Kana (sozial), lehrt in den Synagogen (mental), heilt Gebrechen vieler Menschen (körperlich) und offenbart die Liebe Gottes des Vaters in Person (geistlich).

Schalom ist der Kern des Evangeliums. Darum geht es und ging es immer schon. Diesen Frieden zu initiieren (vgl. Mt 5,9; 10,13)

---

[4] Vollkommenheit ist in der Bibel in erster Linie eine Eigenschaft Gottes (vgl. 2 Sam 22,31) und seines Gesetzes (vgl. Ps 19,8), die jedoch auch vom Menschen angestrebt werden soll (vgl. Mt 5,48) und offenbar auch erreicht werden kann (vgl. Mt 19,21; 2 Kor 13,9). Wenn Jesus dazu aufruft: „Ihr sollt aber vollkommen sein, so wie euer Vater im Himmel vollkommen ist" (Mt 5,48 NLB), dann wird aus dem Kontext des Gebotes der Feindesliebe deutlich, dass es hier keinesfalls um einen Zustand der Sündlosigkeit beziehungsweise des sündlosen Perfektseins geht. Das bestätigt bekanntermaßen auch der Paralleltext aus Lukas 6,36: „Seid barmherzig, wie auch euer Vater barmherzig ist." Der Barmherzige ist hier der Vollkommene. Der Rat Jesu an den reichen Jüngling deutet in dieselbe Richtung: „Willst du vollkommen sein, so geh hin, verkaufe, was du hast, und gib's den Armen." (Mt 19,21) Im Englischen gibt es das Wort *well-rounded*, was man mit „voll entwickelt" (vollkommen entwickelt) übersetzen kann. Ganz in diesem Sinne sprach auch Paulus in seinem Brief an die Epheser vom „vollendeten Menschen" in „der Fülle Christi" (Eph 4,13). Es ist letztlich Gott, der dies im Menschen bewirkt.

[5] „Friede" in *Lexikon zur Bibel*, Witten 2013, S. 354.

und zu bewahren (vgl. Röm 12,14), dazu sind auch Jesu Jünger berufen. Sie werden mit den Worten „Friede sei mit euch! Wie mich der Vater gesandt hat, so sende ich euch" (Joh 20,21) ausgesandt. Ihre erklärte Mission ist die „Verkündigung des Evangeliums des Friedens" (Eph 6,15 EB). Als „Botschafter an Christi statt" bitten sie: „Lasst euch versöhnen mit Gott!" (2 Kor 5,20) Als ganzheitliche Botschaft zielt sie auf die Heilung beziehungsweise Wiederherstellung des ganzen Menschen ab. Nicht allein auf seinen Intellekt oder seine Emotionen. Die Liebe zu Gott sollte von ganzem Herzen (emotional), von ganzer Seele (spirituell) und mit aller Kraft (körperlich) geschehen (vgl. 5 Mo 6,5). Jesus verband dieses „größte Gebot" bekanntlich mit der Aufforderung: „Du sollst deinen Nächsten lieben wie dich selbst" (sozial, Mt 22,39). So fasst Jesus die Essenz der hebräischen Bibel zusammen: „In diesen beiden Geboten hängt das ganze Gesetz und die Propheten." (Mt 22,40)[6]

Schalom für alle Völker

Bereits zur Zeit des Alten Testaments war es Gottes ursprüngliche Absicht, alle Völker zu segnen. Dies sollte durch Abraham geschehen, in ihm sollten „gesegnet werden alle Geschlechter auf Erden" (1 Mo 12,3). Doch wie sorgte Gott nun dafür, dass diese Berufung Abrahams auch in Erfüllung geht?

Eine Teilerfüllung dieses Segens zeigte sich in der Regentschaft von König Salomo. Gott nennt ihn einen „Mann der Ruhe [...] denn ich will ihm Ruhe schaffen vor allen seinen Feinden

---

6 Dass diese Friedensbotschaft zuweilen auch entzweien kann, machte Jesus in einer Hyperbel (Zuspitzung) deutlich: „Ihr sollt nicht meinen, dass ich gekommen bin, Frieden zu bringen auf die Erde. Ich bin nicht gekommen, *Frieden* zu bringen, sondern das Schwert." (Mt 10,34, Herv. d. Verf.) Der Friedefürst bringt das Schwert? Das „Ist's möglich" des Paulus (Röm 12,18) macht eben deutlich, dass der Friede nicht immer realisierbar ist und manchmal auch offen angefochten wird. So weiß die biblische Weisheitsliteratur, dass alles seine Zeit hat: „Streit hat seine Zeit, Friede hat seine Zeit." (Pred 3,8) Gott, der über der Zeit steht, hat auch der Zeit des Streites ihr eschatologisches Ende bestimmt: „Der Gott des Friedens aber wird den Satan unter eure Füße treten in Kürze." (Röm 16,20)

ringsumher [...] denn ich will Israel Frieden und Ruhe geben, solange er lebt" (1 Chr 22,9). Der Name Salomo ist verwandt mit dem hebräischen *Schalom*, und so bestimmten auch Friede, Gedeihen und Wohlergehen seine Regierungszeit. Er sicherte während seiner vierzigjährigen Herrschaft mit großer Umsicht[7] den Frieden nach innen und verbesserte die außenpolitischen Beziehungen Israels. Er baute nicht nur den Tempel (vgl. 1 Kön 6), sondern öffnete auch das Reich gegenüber anderen Kulturen und Religionen und führte es so zu großem internationalem Ansehen, wie unter anderem der Besuch der Königin von Saba zeigte (vgl. 1 Kön 10,1–13). Das salomonische Friedensreich – auch manchmal die „salomonische Aufklärung" genannt – steht in der Bibel als Sinnbild für den „großen Friedenskönig Gottes"[8]. Über ihn schrieb der Prophet Daniel: „Seine Herrschaft ist eine ewige Herrschaft, die nicht vergeht, und sein Königtum so, dass es nicht zerstört wird." (Dan 7,14 EB)

Selbst nach der Reichsteilung unter Salomos Söhnen Rehabeam und Jerobeam – sie hatte die Aufteilung in die zehn Nordstämme und zwei Südstämme zur Folge – und der anschließenden Verschleppung beider Stämme bleibt Gottes feste Absicht, die Völker zu segnen, bestehen. Eine Schlüsselstelle, die dies verdeutlicht, findet sich im Buch des Propheten Jeremia, der zur Zeit des babylonischen Exils sein Volk zu Folgendem aufrief: „Suchet der Stadt Bestes [*schalom*], dahin ich euch habe wegführen lassen, und betet für sie zum HERRN; denn wenn's ihr wohlgeht [*schalom*], so geht's auch euch wohl [*schalom*]." (Jer 29,7)

Die dreimalige Verwendung des Wortes *Schalom* ist die Aufforderung Gottes an sein Volk, durch ihr Leben Zeugen für Gott zu sein. Die Israeliten sollten danach streben, Frieden im Sinne ganzheitlichen Wohlergehens für alle auszuleben. So wurde Gottes Gerichtshandeln (Verschleppung und Exil) an seinem Volk zugleich zur Missionsaufforderung im fremden Land.

---

[7] Vgl. 1 Kön 3,9.12.
[8] „Salomo" in *Lexikon zur Bibel*, S. 995.

Im Alten Testament finden sich weitere Beispiele dieser Haltung, Gottes *Schalom* auch den Feinden gegenüber zu leben:

- Josef, der in Ägypten die Treue zu Gott hielt und schließlich zur Schlüsselperson wurde, um die Menschen in und um Ägypten auch während der großen Hungersnot zu versorgen (vgl. 1 Mo 41,56)
- Das namenlose israelitische Mädchen, das den entscheidenden Tipp zur Heilung ihres aramäischen Herrn Naaman gab (vgl. 2 Kön 5,2–4)
- Daniel und seine drei Freunde, die sich für das Wohl Babylons einsetzten (vgl. Dan 1–2)

Diese Botschafter Gottes setzten sich zu ihrer Zeit glaubhaft für das „Evangelium des Friedens" ein. Wie könnte solch ein Engagement in der heutigen Zeit aussehen? Was bedeutet es heute, Menschen in unterschiedlichen Lebenswelten auf ähnliche Weise im Sinne des göttlichen *Schalom* zu begegnen? Was hilft uns, diese Haltung auszuleben, was hindert uns daran? Das vorliegende Buch will Ansätze zur Beantwortung dieser Fragen liefern.

Gottes vielfältige Wege der Kommunikation

Es ist bezeichnend, dass Gott bewusst den Kontakt zum Menschen und die Kommunikation mit ihm suchte, auch wenn dies durch die nach dem Sündenfall entstandene Trennung erschwert war. „Gott ist Liebe" (1 Joh 4,8) und somit zu hundert Prozent beziehungsorientiert. Auch durch die neu entstandene Trennung durch die Sünde ließ er sich nicht davon abhalten, mit dem Menschen „im Gespräch" zu bleiben. Gott ließ sich dabei jeweils situativ auf unterschiedliche Personen, Gegebenheiten und Umstände ein und demonstrierte damit ein kreatives Element der Kommunikation. Die gesamte Bibel liest sich wie ein Bericht über Gottes Versuch, mit dem Menschen zu sprechen und die Beziehung zu ihm wiederherzustellen. Gott sprach „vielfältig und auf vielerlei Weise ehemals zu den Vätern" (Hbr 1,1 EB) und nutzte dazu ganz unterschiedliche Wege, von denen einige hier skizziert werden sollen.

Gottes Rede kam durch Symbole und Symbolhandlungen zum Ausdruck. Die ersten Hinweise auf ein solches Symbol finden sich unmittelbar nach dem Bericht vom Fall des Menschen: „Und Gott der HERR machte Adam und seiner Frau Röcke von Fellen und zog sie ihnen an." (1 Mo 3,21) Das Bedecken der Scham des Menschen hat hier einen tieferen Sinn: Das, was den Menschen zuvor von Gott trennte und in die Flucht trieb, wird von Gott beseitigt. Die Tierfelle deuten bereits das Opferritual an, von dem dann auch ab 1. Mose 4,3–4 bei Kain und Abel die Rede ist. Das Opfer selbst (hebr. *korban*, „sich nähern") wird zum Symbol der gegenseitigen Annäherung Gottes und des Menschen. Das Opfer – in dem Fall erstmals von Gott selbst durchgeführt – wird einerseits zum Zeichen für die einschneidende Trennung vom Leben, die nun eingetreten war und die den Kern dessen beschreibt, was Sünde eigentlich bedeutet. Andererseits hat Gott dem Menschen darin auch die Botschaft gegeben, dass diese Trennung durch einen Stellvertreter überwunden werden kann.

Ob nun das „Kainsmal" (vgl. 1 Mo 4,15), der Bau der Arche, der das Weltgericht durch Noah ankündigte (vgl. 1 Mo 6), der „Bogen in den Wolken" als „Zeichen des Bundes" (1 Mo 9,16–17) – die Bibel ist voller Zeichen und symbolhafter Kommunikation. Es ließe sich eine Vielzahl weiterer Beispiele anführen, wie der brennende Busch, aus dem Gott zu Mose sprach (vgl. 2 Mo 3,2–4), oder die Wolken- und Feuersäule, die Israel durch die Wüste leitete (vgl. 2 Mo 13,21). Es sollte jedoch bereits deutlich geworden sein, dass Gott von jeher sowohl durch Worte als auch Bilder mit dem Menschen kommunizierte und sich dabei jeweils auf die gegebene Situation einstellte.

Das „Wort" ist in der Bibel von zentraler Bedeutung, doch sollte nicht außer Acht gelassen werden, dass der hebräische Begriff *dabar* auch „Sache" oder „Ding" bedeuten kann. *Dabar* ist weit mehr als Laute oder Buchstaben, es ist das wirkende Wort, das nicht abseits der Wirklichkeit steht. In der Bibel „geschieht" das

Wort des Herrn[9] als Wirklichkeit und schafft so selbst eine neue Wirklichkeit. Das Wort wird in erster Linie erfahren und so Teil der eigenen Glaubenserfahrung. Das Gleiche gilt für die Symbole, man denke nur an das bis ins kleinste Detail beschriebene Wüstenheiligtum, die Stiftshütte (vgl. 2 Mo 27–30), die Ausdruck und Sinnbild der „mitwandernden" und „mitzeltenden" Gegenwart Gottes war. Sie steht für Gottes Sehnsucht, seinem Volk nahe zu sein.

Diese Kombination aus Wort (gesprochen oder geschrieben) und Zeichen beziehungsweise symbolhafter Handlung kennzeichnet Gottes Kommunikation mit uns. Und er passte sie durch alle Zeitalter immer wieder den veränderten Umständen des Lebens auf dieser Welt an. Die „größte Anpassung", die Gott dabei vornahm, war die Menschwerdung.

Die maximale Anpassung: Gott wird Mensch

„Er, das Wort, wurde ein Mensch, ein wirklicher Mensch von Fleisch und Blut. Er lebte unter uns, und wir sahen seine Macht und Hoheit, die göttliche Hoheit, die ihm der Vater gegeben hat, ihm, seinem einzigen Sohn. Gottes ganze Güte und Treue ist uns in ihm begegnet." (Joh 1,14 GNB)

Es ist kein Zufall, dass hier für das deutsche Wort „wohnen" (LB) ein Begriff steht, der auch mit „zelten" übersetzt werden kann. Gottes Gegenwart wird erneut greifbar und erfahrbar für den Menschen, wie bereits im Wüstenheiligtum.[10]

Gott, der „vorzeiten vielfach und auf vielerlei Weise geredet hat zu den Vätern durch die Propheten" setzte ein weiteres eindeutiges Zeichen: Er hat „zuletzt in diesen Tagen zu uns geredet durch den Sohn", wie der Hebräerbrief betont (Hbr 1,1–2).

---

[9] „Des HERRN Wort" „geschah" einer Reihe von biblischen Propheten: Samuel (1 Sam 15,10), Salomo (1 Kön 6,11), Jesaja (Jes 38,4), Jeremia (Jer 1,2.4.11.13 u. a.), Hesekiel (Hes 1,3; 3,16 u. a.), Jona (Jona 1,1; 3,1), Micha (Mi 1,1), Zefanja (Zef 1,1), Haggai (Hag 1,1), Sacharja (Sach 1,7; 4,8 u. a.), Johannes dem Täufer (Lk 3,2).

[10] Eine der Bezeichnungen für die Stiftshütte ist *Mischkan* (hebr. „Wohnung"), das sprachlich mit dem Begriff *Schechina* verwandt ist, dem Inbegriff der Gegenwart Gottes.

Das Ziel der Menschwerdung fasst der Kolosserbrief wie folgt zusammen: „Denn Gott gefiel es, in ihm die ganze Fülle des Heils *Wohnung* nehmen zu lassen. Durch ihn wollte Gott alles *versöhnen* und zu *neuer, heilvoller Einheit* verbinden. Alles, was gegeneinander streitet, wollte er zur Einheit zusammenführen, nachdem er *Frieden gestiftet* hat durch das Blut, das Jesus am Kreuz vergoss; alles, was auf der Erde und im Himmel lebt, sollte geeint werden durch ihn und in ihm als dem letzten Ziel." (Kol 1,19–20 GNB, Herv. d. Verf.)

Vor dem Hintergrund des vorliegenden Buches lässt sich die Menschwerdung Gottes auch als ein „absoluter Milieuwechsel" beschreiben: „Er [Christus] war in allem Gott gleich, und doch hielt er nicht gierig daran fest, so wie Gott zu sein. Er gab alle seine Vorrechte auf und wurde einem Sklaven gleich. Er wurde ein Mensch in dieser Welt und teilte das Leben der Menschen. Im Gehorsam gegen Gott erniedrigte er sich so tief, dass er sogar den Tod auf sich nahm, ja, den Verbrechertod am Kreuz." (Phil 2,6–8 GNB)

Kein Mensch vermag sich vorzustellen, was dieser Milieuwechsel aus der himmlischen, sündlosen und vollkommenen Welt in eine durch und durch von Sünde gezeichnete Welt für Jesus bedeuten haben musste. In ihrem Buch *Das Leben Jesu* schrieb Ellen White, dass „Gottes Abscheu gegen die Sünde [...] stark wie der Tod"[11] ist. Das englische Wort *hatred* (hier für „Abscheu" verwendet, wörtlich „Hass") ist sogar noch deutlicher. Gott kommt in eine Umwelt, die ihm völlig wesensfremd ist, die er eigentlich hasst, verabscheut, vor der er sich ekelt. Warum? Denn „seine Liebe zum Sünder [ist] noch stärker" als sein Ekel vor der Sünde.[12] Wie muss es jemandem gehen, der mit einer natürlichen Abscheu vor der Sünde in einer sündigen Umwelt lebt?

Unsere eigene Erfahrung dürfte uns zeigen, wie wir in einem Umfeld empfinden, das uns anwidert. Dabei können ganz unterschiedliche Dinge zum Auslöser unserer Abscheu werden, von

---

[11] Ellen White, *Das Leben Jesu*, Hamburg 1989, S. 40.
[12] Ebd., S. 40–41.

unangenehmen Gerüchen über unterschiedliche Hygieneauffassungen bis zu sonstigen Verhaltensweisen wie beispielsweise Tischmanieren. Wir halten uns die Nase zu, wenden den Blick ab, versuchen wegzuhören. Kurz: Wir verschließen unsere Sinne möglichst, um dem nicht mehr ausgesetzt zu sein. Vielleicht entfernen wir uns gänzlich aus der Situation und versuchen, sie in Zukunft zu meiden.

Gott hätte allen Grund gehabt, den Menschen und die von Sünde gezeichnete Welt zu meiden, doch er entschloss sich zum Milieuwechsel, „wurde ein Mensch in dieser Welt und teilte das Leben der Menschen" (Phil 2,7 GNB) und setzte sich somit auch den Abgründen dieser Welt aus. Wenn Paulus dies so an die Gläubigen in Philippi schrieb, dann ging es ihm nicht um eine theologische Abhandlung, sondern um den Aufruf, in dieser Hinsicht von Jesus zu lernen: „Habt im Umgang miteinander stets vor Augen, was für einen Maßstab Jesus Christus gesetzt hat." (Phil 2,5 GNB) Mit anderen Worten soll der Gläubige seine Vorbehalte – seinen Hass, seine Abscheu, seinen Ekel – ablegen und „in Demut [...] den andern höher [achten] als sich selbst" (Phil 2,3).

Es fällt uns als Menschen erfahrungsgemäß sehr schwer, uns auf eine andere Lebens- und Wertewelt einzulassen, als wir sie für normal halten. Doch genau dazu ist der Mensch aufgerufen, er soll sich auf die Lebenswelt seines Mitmenschen einlassen; es ist der höchste Maßstab religiösen (ethischen) Handelns: „Wahrlich, ich sage euch, was ihr einem dieser Geringsten nicht getan habt, habt ihr auch mir nicht getan" (Mt 25,45 EB) – und umgekehrt.

Verhaltens- und Redeweisen, die in unserer christlichen Lebens- und Wertewelt undenkbar und völlig inakzeptabel sind, können wir nur schwer aushalten. Wir mögen innerlich verkrampfen oder uns aufregen, wir fühlen uns schnell gezwungen, einzuschreiten und „dazwischenzugehen". *Da muss doch jemand was unternehmen, das kann man doch nicht einfach laufen lassen!* Es wäre spannend zu erfahren, wie viel Jesus „laufen ließ", weil er seine Priorität, das Ziel, warum er Mensch geworden war, klar vor Augen hatte: seine Liebe zum Menschen.

Liebe überwindet Ekelschranken

In einem viel zitierten Bibelwort wird das Evangelium formelhaft so ausgedrückt: „Denn also hat Gott die Welt geliebt, dass er seinen eingeborenen Sohn gab, auf dass alle, die an ihn glauben, nicht verloren werden, sondern das ewige Leben haben." (Joh 3,16) Der Begriff „Welt" beschreibt hierbei genau unsere sündige Welt. Trotz aller Abscheu gegenüber der Sünde hat Jesus diese Welt – und die Menschen in ihr – geliebt. Das Gleichnis Jesu vom verlorenen Sohn bringt diese Liebe Gottes sehr treffend zum Ausdruck: „Als er [der Sohn] aber noch weit entfernt war, sah ihn sein Vater und es jammerte ihn, und er lief und fiel ihm um den Hals und küsste ihn." (Lk 15,20) Der jüngere Sohn hatte sein Erbe verschleudert, zuletzt war er Schweinehirte – so ziemlich das Ekelhafteste, was sich die jüdischen Zuhörer von Jesus vorstellen konnten. Nun kommt der Sohn also zurück nach Hause: in abgewetzten Kleidern, staubig, verschwitzt, nach Schweinen stinkend. Und was tut der Vater? Er fällt ihm um den Hals und küsst ihn! Dazu ist allein echte Liebe fähig. Mit dieser Liebe – so die Pointe von Jesus in diesem Gleichnis – liebt Gott jeden einzelnen Menschen: offen, entgegenkommend, voller Mitleid und Freude über dessen Heimkehr zu ihm.

Die Menschwerdung des Missionars

Um diese Liebe geht es auch bei der Menschwerdung des Menschen. Der Mensch soll seinem Gegenüber Nächster werden, Feinde mit inbegriffen (vgl. Lk 6,27.35). Dazu wird er gesandt, als „Botschafter an Christi statt", um Gottes Versöhnung zu verkünden. Das ist seine Mission. Der Missionar soll diese Liebe vorleben, er soll das Evangelium „zu jeder Zeit predigen, und wenn nötig, soll er dazu Worte nutzen" (Franz von Assisi). Mit anderen Worten, der Gläubige ist dazu aufgerufen, sich seinem Gegenüber jeweils anzupassen und Anknüpfungspunkte zu suchen, wie er die Liebe Gottes erfahrbar machen kann.

Die Jünger bekamen denselben Auftrag, wie ihn Jesus für sich wahrnahm. Sie sollten mit der Kraft des Heiligen Geistes den ganzen Menschen heil machen: „Wie mich der Vater gesandt hat, so sende ich euch. Und als er das gesagt hatte, blies er sie an und spricht zu ihnen: Nehmt hin den Heiligen Geist! Welchen ihr die Sünden erlasst, denen sind sie erlassen; welchen ihr sie behaltet, denen sind sie behalten." (Joh 20,21–23) Ihnen sollten dieselben Zeichen folgen, wie Jesus sie vollbracht hatte, und sie sollten die Kraft empfangen, den Menschen geistliche und körperliche Heilung zu bringen (vgl. Mk 16,17–18).

Das Buch der Apostelgeschichte berichtet eindrucksvoll, wie sich die Vision, *Schalom* zu allen Nationen zu bringen, erfüllte: „So hatte nun die Gemeinde *Frieden* in ganz Judäa und Galiläa und Samarien und baute sich auf und lebte in der Furcht des Herrn und mehrte sich unter dem Beistand des Heiligen Geistes." (Apg 9,31, Herv. d. Verf.) Durch das Evangelium werden auch im Buch der Apostelgeschichte alle Bereiche des Menschen berührt und wiederhergestellt: Körper[13], Geist[14], Seele[15] und der soziale Bereich[16].

Damit dies überhaupt möglich wurde, bedurfte es gewisser Anpassungen. Petrus wurde in einer besonderen Vision angewiesen, die Menschen aus den nichtjüdischen Völkern nicht länger als „unrein" zu bezeichnen: „Was Gott rein gemacht hat, das nenne du nicht unrein." (Apg 10,15) Ihm wurde aufgetragen, genau zu jenen Menschen zu gehen, vor denen er eine instinktive Abscheu empfand, die er wohl nie ganz überwand.[17] Der Text betont „das geschah dreimal" (V. 16) und erinnert an das dreifache Leugnen des Petrus (vgl. Lk 22,54–60) sowie an das anschließende dreifache Bekenntnis seiner Liebe zu seinem Herrn Jesus (vgl. Joh 21,15–17). Diese Vision war für Petrus ein ähnlich prägender

---

[13] Vgl. Apg 3,16; 8,7; 9,34; 28,8.
[14] „Lehre der Apostel", Apg 2,42; vgl. 5,25.
[15] Vgl. Apg 3,19; 11,18 u. a.
[16] Vgl. Apg 2,42; 4,31 u. a.
[17] Vgl. Gal 2,12–14.

und bewusster Prozess, wie sein spontaner Ausruf zu erkennen gibt: „Nun erfahre ich in Wahrheit, dass Gott die Person nicht ansieht; sondern in jedem Volk, wer ihn fürchtet und Recht tut, der ist ihm angenehm." (Apg 10,34–35) Galt für die ursprüngliche Aussendung der zwölf Apostel noch: „Geht nicht den Weg zu den Heiden [...], sondern geht hin zu den verlorenen Schafen aus dem Hause Israel", so galt von nun an das „Umsonst habt ihr's empfangen, umsonst gebt es auch" allen Menschen (Mt 10,5–6.8).

Dieser Auftrag war keinesfalls so leicht umzusetzen, wie er sich hier lesen mag. Wie es dem Propheten Jona vor den Einwohnern Ninives graute und er mehr Trauer über den Verlust einer Pflanze empfinden konnte als über den eines Menschenlebens, so herrschten auch unter den Aposteln große Vorbehalte. So sah sich Petrus unversehens mit dem Vorwurf konfrontiert: „Du bist zu unbeschnittenen Männern gegangen und hast mit ihnen gegessen." (Apg 11,3) Petrus konnte allerdings glaubhaft versichern: „Wenn nun Gott ihnen die gleiche Gabe gegeben hat wie auch uns, die wir zum Glauben gekommen sind an den Herrn Jesus Christus: Wer war ich, dass ich Gott wehren könnte?" (V. 17) Womit der Streit beigelegt wurde und in die erstaunliche Einsicht mündete: „So hat Gott auch den Heiden die Umkehr gegeben, die zum Leben führt!" (V. 18)

Diese nicht unerheblichen von Gott geleiteten „Anpassungen" fanden ihren Höhepunkt im Jerusalemer Apostelkonzil.

Gottes flexibler Umgang mit seinem eigenen Gesetz

Der Auslöser des Apostelkonzils war die Forderung: „Man muss sie [die Heidenchristen] beschneiden und ihnen gebieten, das Gesetz des Mose zu halten." (Apg 15,5) Petrus appellierte in seiner Rede an das Konzil: „Gott, der die Herzen kennt, hat [...] ihnen den Heiligen Geist gegeben wie auch uns, und er hat keinen Unterschied gemacht zwischen uns und ihnen und reinigte ihre Herzen durch den Glauben." (V. 8–9) Auch Jakobus, der Älteste der Gemeinde in Jerusalem, wandte sich an das Konzil und zitierte den Propheten Amos, dessen Vorhersage sich nun vor ihm erfüllte: „Danach werde ich mich euch zuwenden, sagt der Herr, und die verfallene Hütte Davids wieder aufbauen. Aus den Trümmern werde ich sie von neuem errichten. Das werde ich tun, damit auch die übrigen Menschen nach mir fragen, alle Völker, die doch von jeher mein Eigentum sind. Ich, der Herr, werde tun, was ich seit Urzeiten beschlossen habe." (V. 16–18 GNB; vgl. Amos 9,11–12) Sowohl Petrus (vgl. V. 10) als auch Jakobus appellierten: „Wir sollten den Menschen aus den anderen Völkern, die sich Gott zuwenden, nicht eine unnötige Last auferlegen." (V. 19 GNB) Jakobus ging sogar noch weiter und forderte: „Wir sollten sie nicht dazu verpflichten, das ganze jüdische Gesetz zu befolgen." (V. 19 GNB) Die Sprengkraft dieser Aussage lässt sich gar nicht ermessen. Gottes Ordnung, die Abraham und seinen Nachkommen auf unbestimmte Zeit hin gegeben wurde – „eine Verpflichtung [...], die ihr erfüllen müsst, in jeder kommenden Generation" (1 Mo 17,9) – und die zum Bundeszeichen schlechthin wurde, sollte vom einen auf den anderen Tag nicht mehr bindend sein?

Das Konzil, „vom Heiligen Geist geleitet", verständigte sich darauf, den Gläubigen aus den Völkern „keine weitere Last aufzuladen außer den folgenden Einschränkungen", die als kleinster gemeinsamer Nenner „unbedingt [...] zu beachten" waren: „Esst kein Fleisch von Tieren, die als Opfer für die Götzen geschlachtet wurden; genießt kein Blut; esst kein Fleisch von Tieren, deren Blut nicht vollständig ausgeflossen ist; und hütet euch vor Blutschande. Wenn ihr euch vor diesen Dingen in Acht nehmt, tut ihr recht." (Apg 15,28–29 GNB)

Mit dieser gravierenden Änderung der zeichenhaften Handlung der Beschneidung demonstrierte Gott erneut, wie sich sein Heilshandeln an den Menschen anpasst. Wiederum war das Ziel entscheidend: die Wiederherstellung (*Schalom*) der durch Sünde gestörten Beziehung zu Gott. Neben aller Lehre und Dogmatik war das der Auftrag, den es zu erfüllen galt. Dieses Bedürfnis und dieser Auftrag Gottes wurden in der Zeit der frühen Christen durch das rituelle Symbol der Beschneidung nicht unterstützt, sondern – im Gegenteil! – erschwert. Dieses Zeichen der Gemeinschaft mit Gott aus der Zeit eines *nationalen* Volkes Gottes passte nicht mehr in die Zeit eines *übernationalen* Volkes Gottes. Die Beschneidung stand nicht mehr für die Gemeinschaft mit Gott, sondern wurde eher zu einem Symbol der Trennung. Damit kommunizierte sie das Gegenteil von dem, was Gott der Welt über sich mitteilen wollte: nämlich seine grenzenlose Liebe für alle Menschen – ohne Ansehen der Person [18].

Ich bin allen alles geworden

Diese neu gewonnene Offenheit für die Verkündigung des „Weg des Heils" [19] (Apg 16,17) fasste Paulus programmatisch in seinem ersten Brief an die Korinther zusammen:

> Denn obwohl ich frei bin von jedermann, habe ich doch mich selbst jedermann zum Knecht gemacht, auf dass ich möglichst viele gewinne. Den Juden bin ich wie ein Jude geworden, damit ich die Juden gewinne. Denen unter dem Gesetz bin ich wie einer unter dem Gesetz geworden – obwohl ich selbst nicht unter dem Gesetz bin –, damit ich die unter dem Gesetz gewinne. Denen ohne Gesetz bin ich wie einer ohne Gesetz geworden – obwohl ich doch nicht ohne Gesetz bin vor Gott, sondern bin im Gesetz vor Christus –, damit ich die ohne Gesetz gewinne. Den Schwachen bin ich ein Schwacher geworden, damit ich die Schwachen gewinne. Ich bin allen alles geworden, damit ich auf alle Weise einige rette.
> (1 Kor 9,19–22)

Paulus formulierte hier die Schlüsselkompetenz eines Menschen, der die frohe Botschaft von der Erlösung durch Jesus Christus „milieuübergreifend" vermitteln möchte. Er zeigte die Bereit-

---

[18] Eine Formulierung, die sich an unterschiedlichen Stellen in der Bibel findet, meist im Kontext des gerechten Urteilens, sowohl Gottes als auch des Menschen. Vgl. 5 Mo 16,19; 1 Sam 1,11; 2 Chr 19,7; Röm 2,11; Eph 6,9; Kol 3,25.

[19] Der neue christliche Glaube wird „Weg" genannt (Apg 24,14), womit der Weg in der Lehre Christi gemeint war – eine Anspielung auf das Jesuswort „Ich bin der Weg und die Wahrheit und das Leben; niemand kommt zum Vater denn durch mich" (Joh 14,6). Ein Weg deutet aber auch das Unterwegssein und den Prozess an. Ein Weg – und ist er auch „schmal" (Mt 7,14) – ist offen für alle, die ihn beschreiten wollen.

schaft und die Fähigkeit, sich auf andere Menschen einzulassen. Eine der Voraussetzungen, die Paulus dafür hatte, war seine außerordentlich vielseitige Persönlichkeit. In einem Anflug von Sarkasmus bekannte er den Korinthern in seinem zweiten Brief: „Womit andere prahlen, damit kann ich auch prahlen. Sie sind echte Hebräer? Das bin ich auch. Sie sind Israeliten? Das bin ich auch. Sie sind Nachkommen Abrahams? Das bin ich auch." (2 Kor 11,21-22 GNB)

Paulus sprach Hebräisch (vgl. Apg 21,40) und Griechisch (vgl. V. 37) und gab sich zudem als „römischer Bürger" zu erkennen (vgl. Apg 16,37-39). Er entwickelte die Fähigkeit – wie er betonte, durch Gottes Gnade –, sich auf alle erdenklichen Lebenslagen einzulassen. Den Gläubigen in Philippi verriet er: „Ich kann niedrig sein und kann hoch sein; mir ist alles und jedes vertraut: beides, satt sein und hungern, beides, Überfluss haben und Mangel leiden; ich vermag alles durch den, der mich mächtig macht." (Phil 4,12-13) Nicht zuletzt dürften ihn auch seine umfangreichen Reisen in dieser Hinsicht geprägt haben. Paulus wurde allen Menschen alles, um auf alle Weise einige zu retten. Mark Twains Erkenntnis „Reisen ist tödlich für Vorurteile" entsprach auch der Grundeinstellung der ersten Missionare. Es ist sicherlich kein Zufall, dass die Öffnung der Heilsbotschaft für alle Völker und die daraus resultierenden Anpassungen des göttlichen Heilsplans mit den großen Missionsreisen der ersten Christen zusammenfallen.

Wer Menschen aus völlig anderen Lebenswelten mit der christlichen Botschaft erreichen möchte, der braucht diese Fähigkeit, die Botschaft des Evangeliums in ein anderes Milieu übertragen zu können.

Diese Transferleistung gelang Paulus unter der Leitung des Heiligen Geistes. Wenn auch nicht immer und überall und auch nicht auf Anhieb. Zu Beginn seiner Tätigkeit in einer neuen Gegend wählte Paulus für seine Verkündigung immer die jüdische Synagoge als Anknüpfungspunkt.[20] Er betrat also zunächst das

---

[20] Vgl. Apg 13,5.14; 14,1; 17,17.

vertraute Terrain, an das er anknüpfen konnte und von dem er wusste: *Hier werde ich verstanden und hier kann ich so reden, wie es für mich gewohnt und normal ist.* Doch wuchs Paulus über diesen Anknüpfungspunkt hinaus, wie seine Rede auf dem Areopag in Athen eindrucksvoll belegt (vgl. Apg 17,16–34).

Bemerkenswert ist die ursprüngliche Reaktion des Paulus auf seine Umgebung: Er war „im Innersten empört, weil die Stadt voll von Götzenbildern war" (Apg 17,16 GNB). Man könnte sagen, er war von dem ihn umgebenden Milieu abgestoßen und zeigte eine heftige Abwehrreaktion. Paulus ekelte sich förmlich vor der Vielzahl der Götterstatuen in Athen. Viele der Götter waren Teil von Fruchtbarkeitskulten und dürften entsprechend anzügliche Darstellungen geboten haben. In dem Altar für den „unbekannten Gott" (V. 23) fand er schließlich den Anknüpfungspunkt für seine Botschaft von Jesus Christus. Ich bin mir sicher, dass Paulus sich im Klaren darüber war, dass dieser Altar nicht dem Gott gewidmet war, von dem er nun sprach. Dennoch nahm er ihn in seiner öffentlichen Rede an die Einwohner der Stadt als seinen Ausgangspunkt. Das war entscheidend. Dieser Altar war ein unbesetzter Platzhalter, den er nutzte, um seinen Gott einem ihm fremden Umfeld zu präsentieren.

Paulus fand die Möglichkeit, mit seiner Botschaft den wahren Gott zu bezeugen, „der die Welt gemacht hat", vom „Herr[n] des Himmels und der Erde", der „nicht in Tempeln, die mit Händen gemacht sind", wohnt (V. 24). Dieser Gott braucht keine Menschen, die ihm durch Opfer zu essen geben, denn er ist das Leben selbst und aus ihm geht das Leben hervor (vgl. V. 25). Dann sprach der Apostel etwas aus, das für seine Zuhörer vermutlich eine befremdliche Vorstellung war: Der Gott, von dem er redete, sucht die Nähe zu den Menschen – vorbehaltlos, einfach aus Liebe. Die Götter seiner Zuhörer suchten die Nähe zu den Menschen meistens nur dann, wenn die Menschen ein ungewünschtes Verhalten an den Tag legten. Die Idee, die Gegenwart eines liebenden Gottes zu erleben, war dem Publikum dagegen wahrscheinlich völlig neu.

Indem Paulus einen uns unbekannten griechischen Dichter zitierte, machte er die biblische Wahrheit von der Gegenwart Gottes unter den Menschen kulturrelevant: „Fürwahr, [Gott] ist nicht ferne von einem jeden unter uns. Denn in ihm leben, weben und sind wir; wie auch einige Dichter bei euch gesagt haben: Wir sind seines Geschlechts." (V. 27–28)

Natürlich erreichte diese Botschaft von Paulus nicht alle. Der Bericht schließt damit, dass manche anfingen, über die Auferstehung von den Toten zu spotten. Andere vertrösteten ihn darauf, ihn ein anderes Mal weiter hören zu wollen, was eine höfliche Ablehnung gewesen sein mag oder ernst gemeint war. Es waren letztlich nur wenige Männer und Frauen, die gläubig wurden und Paulus weiter zuhörten. Das waren jene „etliche", von denen Paulus in 1. Korinther 9,22 sprach und für die es sich lohnte, sich in seiner Verkündigung auf ihr Milieu, ihre Lebenswelt, einzustellen.

2

Lebenswelten zur Zeit der Bibel und heute

Eine Szene während einer Weiterbildung für Gemeindewachstum: Der Seminarleiter zeigt eine Karikatur. Darauf abgebildet ist der berühmte Schweizer Freiheitskämpfer Wilhelm Tell. Dieser wiederholt mit seiner Armbrust bewaffnet den berühmten Pfeilschuss durch den Apfel, der auf dem Kopf seines Sohnes Walter balanciert. Der Sohn ist mittlerweile allerdings größer als Jahre zuvor beim ersten gelungenen Schussversuch. Tell zielt dennoch auf die gleiche Höhe wie damals, als sein Sohn noch bedeutend kleiner war – und trifft ihn mitten ins Herz. Entsetzt ruft Tell: „Ist der gewachsen!" Der Untertitel der Karikatur lautete übrigens: „Wenn die 50er Jahre jemals wiederkommen, sind wir bestens vorbereitet."

Der Punkt ist: Bezüge ändern sich. Was einst galt, muss heute nicht mehr gelten. Die Institution Kirche und individuelle Gläubige neigen häufig dazu, die Art und Weise, wie das Evangelium Gottes in einer bestimmten Zeit Gestalt gewann (das heißt, wie es kommuniziert wurde), als zeitlos gültig zu betrachten. Kulturelle Umstände ändern sich jedoch und mit ihnen muss sich auch die Art und Weise der Glaubensvermittlung ändern. Ansonsten läuft man Gefahr, tradierte Denk- und Verhaltensmuster mit der Wahrheit an sich gleichzusetzen. Letztlich steckt dahinter aber meist nur das Verständnis des Wortes Gottes zu einer bestimmten Zeit. Das folgende Beispiel mag dies erhellen.

Zwei Lesarten einer bekannten Geschichte

Die Tatsache, dass Maria ihr Neugeborenes in eine Krippe legte, führte über Jahrhunderte hinweg zu der empörten Schlussfolgerung, dass keiner der armen schwangeren Maria in der Herberge Platz gemacht hätte. Jesus wurde in einem Stall geboren – wie erbärmlich. Von einem Stall steht aber im Text nichts. Diese Deutung des biblischen Berichts beruht auf dem Verständnis der abendländischen Lebenswelt, in der eine Krippe selbstverständlich im Stall stand. Aus Sicht der orientalischen Kultur und Geschichte kommt man zu einer ganz anderen Schlussfolgerung.[1] Die damaligen Häuser bestanden oft nur aus einem einzigen Raum, in dem auf einer erhöhten Ebene die Familie lebte und sich direkt daneben – etwas niedriger – die Nutztiere tummelten. Wenn nun Jesus nach seiner Geburt in eine Krippe gelegt wurde, bedeutet dies, dass der schwangeren Maria die besondere Ehre zuteilwurde, wie ein Familienmitglied behandelt zu werden – sie war also nicht in einer Absteige gelandet! Das Gleiche gilt für Jesus; er wurde in familiärem Umfeld in einem Haus geboren, nicht in einem abgelegenen Stall. Diese zweite Lesart der Geburt Jesu fordert uns heraus, eine über Jahrhunderte erzählte Version der Geschichte neu zu denken und anders weiterzugeben.

Normal oder kulturell bedingt?

Die zeitlose biblische Wahrheit ist ins Gewand der Zeit gekleidet. Sie gewann Gestalt in unterschiedlichen Bildern und Vorstellungen, die durch Werte, Normen, Einstellungen, Geschichte, Politik, Wirtschaft, Brauchtum und Sprache eines Landes geprägt sind. All diese Faktoren nehmen – auch heute – Einfluss auf Verhalten und Wertvorstellungen, die wiederum auf den Glauben übertragen werden. Dieser spirituelle Kontext bestimmt nun, wie zum Beispiel die Bibel gelesen wird. Der Begriff „Kultur" fasst zusammen, was als „normal" angesehen wird, was also der jewei-

---

[1] Diesen Hinweis verdanke ich Sylvain Romain, *Dein Wille geschehe – Andachtsbuch 2017*, Lüneburg 2017, 26. Dezember.

ligen kulturellen Norm entspricht. Das gilt sowohl für die Lebenswelten der Vergangenheit als auch die der Gegenwart, die immer schon von diversen Subkulturen und verschiedenen Milieus geprägt waren.

Menschen neigen dazu, andere Menschen wie auch die Geschichte mit ihrer jeweiligen „Lebensweltbrille" wahrzunehmen und zu deuten. Insofern müsste richtiger von „Wahrgebung" die Rede sein statt von „Wahrnehmung". Erlebnisse und Informationen werden durch „Lebensweltfilter" bewertet und bekommen durch diesen Blick ihre Bedeutung verliehen. Das geschieht meist unbewusst und wird in der Regel auch nicht hinterfragt. Selten wird im Denken – und im darauffolgenden Handeln – berücksichtigt, dass der andere Mensch oder das Gelesene sich in einem anderen Bezugsrahmen befindet beziehungsweise abspielt.

Vor diesem Hintergrund folgt nun ein kurzer Abriss über die gesellschaftliche Lebenswelt, vom Alten Testament – sowie Gottes Rolle und Anspruch darin – über das Neue Testament bis hin ins Heute.

Gesellschaft im Alten Testament

In der in Sippen geordneten Kultur des Alten Testaments hatte die Gruppe, das Kollektiv, den höchsten gesellschaftlichen Wert. Die soziale Struktur unterschied sich also wesentlich von der heutigen stark fragmentierten westlichen Gesellschaft; Individualismus als Gedankensystem existierte quasi nicht. Eine Auseinandersetzung mit dem Alltag anderer Kulturen fand in der Regel nur dann statt, wenn unterschiedliche Völker oder Nationen aufeinandertrafen. Dies geschah zum Beispiel zur Zeit des Nomadentums (wie bei Abraham und seinen Nachkommen oder beim Volk Israel nach dem Auszug aus Ägypten) oder auch, als nach der Landnahme die Stämme Israels und die nur zum Teil vertriebenen ehemaligen Bewohner Kanaans beziehungsweise der Nachbarvölker aufeinandertrafen. Eine weitere Begegnung mit anderen Kulturen ergab sich ebenso dadurch, dass wichtige Handelswege durch Palästina führten.

Im Zusammenhang mit dem Auszug Israels aus Ägypten wird berichtet, dass „viel fremdes Volk" (2 Mo 12,38) mit den Menschen zog. Gott betonte ihnen gegenüber, dass dieselbe Ordnung und dasselbe Recht in Israel herrschen sollen, sowohl für die Fremden als auch die Volkszugehörigen (vgl. 4 Mo 15,16). Die Theokratie (Gottesherrschaft) sah für das ausgezogene Volk ein einheitlich strukturiertes Zusammenleben vor, in dem verschiedene soziale Gruppen wie zum Beispiel Witwen, Waisen, Sklaven und Fremde fest integriert waren (vgl. 5 Mo 10,18).

In dieser kollektiven Gesellschaftsstruktur waren die Menschen von Geburt an in Großfamilien und Sippen eingebunden, in denen vorrangig in „Wir-Begriffen" gedacht wurde. Die Identität lag im sozialen Netzwerk begründet. Das Aufrechterhalten von Harmonie innerhalb der Gruppe hatte einen hohen Stellenwert; zwischenmenschliche Beziehungen standen über den Aufgaben. Das Ansehen der gesamten Familie beziehungsweise Gruppe war wichtiger als das Ansehen der individuellen Person – der exakte Gegensatz zur sozialen Fragmentierung der westlichen Gesellschaften.

Gottes Anspruch im Alten Testament

Gott hatte zwar Israel auserkoren und „erwählt zum Volk des Eigentums aus allen Völkern" (5 Mo 7,6), doch zeigen insbesondere die Botschaften der alttestamentlichen Propheten das Selbstverständnis Gottes als Gott aller Völker. So untersagte er Bileam, einem außerisraelitischen Propheten, das Volk Israel zu verfluchen (vgl. 4 Mo 22–24). Als die Bundeslade einmal von den Philistern erbeutet wurde, fiel das Standbild des philistäischen Gottes Dagon zweimal vor der Bundeslade um (1 Sam 5). Gott machte deutlich, dass er über allen anderen Göttern steht, wie es auch später der Prophet Jesaja in Anlehnung an das erste Gebot des Dekalogs formulierte: „Wendet euch zu mir, so werdet ihr gerettet, aller Welt Enden; denn ich bin Gott, und sonst keiner mehr." (Jes 45,22) Mit anderen Worten: Gott ist der Gott der ganzen Welt und aller Völker. So hatten die Propheten Jona und Nahum ausdrücklich nur eine Gerichtsbotschaft an Ninive, die Hauptstadt Assyriens. Die biblischen Propheten hatten zumeist Gerichtsbotschaften für die anderen Völker rings um Israel. So zum Beispiel Jesaja[2], Jeremia[3], Hesekiel[4], Daniel[5], Amos[6], Habakuk[7] und Sacharja[8]. Vor allem Sacharja schloss die anderen Völker in Gottes Erlösungsplan am deutlichsten ein. Dort heißt es: „Und es sollen zu der Zeit viele Völker sich zum HERRN wenden und sollen mein Volk sein, und ich will bei dir wohnen." (Sach 2,15) Damit griff Sacharja auf, was Gott bereits durch Abrahams Berufung (vgl. 1 Mo 12,3) gesagt hatte und für Jakob wiederholte (1 Mo 28,14 EB): „In dir [...] sollen gesegnet werden alle Geschlechter der Erde."

Gottes Anspruch ist also eindeutig „übernational". Das unterscheidet den biblischen Gott grundlegend von den Göttervor-

---

[2] Jes 2,1–4: Heil und Frieden für alle Völker auf dem Berg Zion; 10,5–19: Gottes Gericht über die Assyrer; 13: Gericht über Babylon; 14,24–27: Gericht über Assyrien; 14,28–32: Gericht über die Philister; 15: Gericht über Moab; 18–19: Gericht über Kusch und Ägypten; 21,11–17: Gericht über Edom und Arabien; 23: Gericht über Tyrus und Sidon; 30,27–33: Gericht über Assyrien; 31,8–9: Gericht über Assyrien; 34: Gericht über Edom; 41: Die Völker vor dem Weltenrichter; 46–47: Gericht über Babylon; 63,1–6: Gericht über Edom.

[3] Jer 12,14–17: Weissagung über benachbarte Völker; 25,15–38: Zornbecher Gottes – neben Juda auch Ägypten, Uz, Philister, Edom, Moab, Ammoniter, Tyrus, Sidon, Dedan, Tema, Bus, Arabien, Simri, Elam, Medien, alle Könige des Nordens und alle Königreiche der Welt; 46: gegen Ägypten; 47: gegen die Philister; 48: gegen Moab; 49,1–6: gegen Ammon; 49,7–22: gegen Edom; 49,23–27: gegen Damaskus; 49,28–33: gegen arabische Stämme; 49,34–39: gegen Elam; 50–51: gegen Babylon.

[4] Hes 21,33–37: Schwert über Ammon; 25: Gottes Gericht über Ammon, Moab, Seir, Edom, Teman, Dedan, Philister und Kreter; 26,1–28,19: Gericht über Tyrus; 28,20–24: Gericht über Sidon; 29–32: Gericht über Ägypten; 35,1–15: Gericht über Edom; 38–39: Gericht über Gog aus Magog.

[5] Dan 2,7–12: Visionen über mehrere Weltreiche; 3–6: Gottes Macht in Babylon und Medo-Persien.

[6] Amos 1: Gericht über Damaskus, Gaza, Tyrus, Edom, Ammon, Moab.

[7] Hab 1,5–11: Gericht über die Chaldäer.

[8] Sach 8,20–23: Das künftige Heil für die Völker; 9,1–8: Gericht über das Land Hadrach, Damaskus, Tyrus, Sidon, Philister; 14,16: „Und alle, die übrig geblieben sind von allen Völkern, die gegen Jerusalem zogen, werden jährlich heraufkommen, um anzubeten den König, den HERRN Zebaoth, und um das Laubhüttenfest zu halten."

stellungen der damaligen Zeit, die zumeist von einem national begrenzten Einflussbereich der Götter ausgingen.

Die „Missionsstrategie" zur Zeit des Alten Testaments schien zu lauten: „Macht alle Völker Israel gleich!" Diese Strategie vertraten vermutlich auch die Pharisäer zur Zeit Jesu. Und dieser Anspruch scheint durch die Kirchengeschichte hindurch bis heute noch in vielen kirchlichen Köpfen verankert zu sein.

Dieser missionarische Ansatz war unter Völkern mit vergleichsweise großen kulturellen Schnittmengen – wie denen des Alten Testaments – möglicherweise durchaus funktional. Was aber wäre gewesen, hätten es die Israeliten damals schon mit Nationen ganz anderer kultureller Prägungen zu tun gehabt? Dieser Situation nähert man sich, wenn man die Zeit des Neuen Testaments betrachtet.

Gesellschaft im Neuen Testament

Erste Hinweise zu einer Fragmentierung der Gesellschaft gibt die Bibel spätestens mit der Reichsteilung unter Jerobeam und Rehabeam ins Nord- und Südreich. Dieser Trend setzte sich im Judentum nach dem babylonischen Exil weiter fort. Während der sogenannten intertestamentaren Zeit (ca. 400 Jahre), also der Zeit zwischen dem letzten Buch des Alten Testaments (Maleachi) und dem ersten Buch des Neuen Testaments (Matthäus), hatten sich unter der religiösen Führungsschicht die traditionsorientierten Pharisäer und die traditionskritischen Sadduzäer herausgebildet. Dem Neuen Testament lassen sich noch viele andere soziale Gruppen entnehmen: etwa die Zöllner, die mit der römischen Besatzungsmacht kollaborierten und nicht selten in die eigene Tasche wirtschafteten; Wohlhabende; Sklaven und Tagelöhner; Randgruppen wie Prostituierte oder unheilbar Kranke (Lepra); das von Juden gemiedene Mischvolk der Samaritaner oder die römischen Besatzer, die als multikulturelle Soldatengruppen im Land lebten. Hier sind bereits verschiedene „Milieus" erkennbar – auch wenn es den Begriff dafür damals noch nicht gab.

In genau diesem Völkergemisch mit seinen unterschiedlichen Milieus und Kulturen wurde Gott Mensch. Jesus wuchs in dieser fragmentierten Gesellschaft auf, lernte sie über dreißig Jahre seines Lebens kennen und verstehen. Als er dann öffentlich in Erscheinung trat – nachdem er, wie in Kapitel 1 beschrieben, körperlich, geistig, geistlich und sozial voll ausgreift war (vgl. Lk 2,52) –, war er in der Lage, mit allen Milieus in Kontakt zu treten, wobei die Gruppe der Pharisäer die größte Herausforderung zu sein schien.[9]

So wie sich Gott zur Zeit des Alten Testaments als übernationaler Gott zeigte, trat auch Jesus als jemand auf, der milieuübergreifend denken und handeln konnte. Er fand Zugang zu allen Gruppen der Gesellschaft im Judentum wie auch darüber hinaus. Genau das machte ihn für die Pharisäer verdächtig, da er sich nicht in das starre Konstrukt ihrer traditionellen Vorstellungen einfügen ließ.

Und in diese Welt mit all ihren unterschiedlichen gesellschaftlichen Facetten sandte Jesus seine Jünger und beauftragte sie, seinem Beispiel zu folgen (vgl. Kapitel 1).

Vom 19. ins 21. Jahrhundert: Acker, Fabrik, Büro

Machen wir einen großen zeitlichen und gedanklichen Sprung von der biblischen Zeit ins 19. Jahrhundert: Die Gesellschaft in den westlichen Ländern machte in den vergangenen zweihundert Jahren gewaltige Umwälzungen durch. Mit dieser Zeit großer gesellschaftlicher Umbrüche fällt auch die Geschichte der Freikirche der Siebenten-Tags-Adventisten zusammen, die aus Ablegern der zweiten großen Erweckung im Amerika des

---

[9] Vgl. dazu auch Bojan Godinas Versuch einer sozio-kulturellen Milieubeschreibung in: Bojan Godina, *Das Atelier – Einleitung in die Allgemeine Integrative Evangelisation*, Hamburg 2009, S. 53–60. Insbesondere die Grafik auf Seite 55, die Persönlichkeiten, die Jesus erreichte, in folgende soziale Modelle einordnet: traditionelle Oberschicht: Nikodemus, königlicher Beamter, Schriftgelehrte, Pharisäer; abweichend von der Oberschicht: Zachäus, Zöllner; traditionelle Unterschicht: Kranker am Teich Bethesda, Ehebrecherin; abweichend von der Unterschicht: Samariterin am Jakobsbrunnen, Samariter aus Sychar.

19. Jahrhunderts hervorging. Diese vielschichtigen Veränderungen lassen sich vereinfacht wie folgt zusammenfassen:

Das 19. Jahrhundert verzeichnete den Übergang von der Agrar- zur Industriegesellschaft, das 20. Jahrhundert den Übergang von der Industrie- zur Informationsgesellschaft. Man kann sich vorstellen, wie es das Menschenbild prägen muss, binnen weniger Generationen von der Scholle ans Fließband und aus der Produktionshalle an den Schreibtisch zu wechseln.

Zugleich vollzog sich während dieser Zeit ein Epochenwechsel, die Postmoderne löste das Zeitalter der Moderne ab. Die Ursprünge der Siebenten-Tags-Adventisten (vormals Milleriten) liegen also nicht nur in einer anderen zeitgeschichtlichen Epoche als der gegenwärtigen, sondern sie war auch landwirtschaftlich geprägt und wesentlich entschleunigter als unsere durch elektronische Kommunikationsmedien geprägte „Hochgeschwindigkeitsgesellschaft". Dazwischen liegen die zahlreichen technischen Erfindungen und Entwicklungen des industriellen Zeitalters, in dem die Gesellschaft von der Spannung zwischen kapitalistischem Unternehmertum einerseits und der davon abhängigen Arbeiterklasse andererseits geprägt war. Auch das ist bezeichnend für das heutige Gesellschaftsbild.

Bisher noch unbeachtet dürfte beispielsweise die soziale Verortung der Pioniere der Adventbewegung sein. Aus welchen sozialen Milieus stammten die ersten Adventisten? William Miller, Ex-Freimaurer (Austritt 1831), dürfte als relativ wohlhabender Leutnant zur damaligen Oberschicht gezählt haben. Auch andere Pioniere entstammten eher der gehobenen Gesellschaft (beispielsweise war Hiram Edson ein wohlhabender Farmer und Joseph Bates war ein Schiffskapitän). Selbst prägende Persönlichkeiten wie Ellen White, denen bis heute ein verbissen traditionalistischer Ruf anhaftet, dürften viel eher zum damaligen innovativen Milieu gezählt haben. Ähnliches ließe sich auch über den Arzt und Erfinder John Harvey Kellogg sagen. [10] Dies im

---

[10] Vgl. Richard Schwarz, John Harvey Kellogg – Wegbereiter der Gesundheitsreform, Lüneburg 2018.

Hinterkopf zu behalten kann bei der Betrachtung der Stichproben zur gegenwärtigen Milieuverteilung unter Adventisten (Kapitel 5) aufschlussreich sein.

Lebenswelten heute

Wenn wir die Gesellschaft des 21. Jahrhunderts betrachten, stellen wir fest, dass die Fragmentierung der Gesellschaft stark vorangeschritten ist. Wir leben in einer überaus komplexen Welt. Das bekommt häufig auch derjenige zu spüren, der versucht, Menschen mit dem Evangelium vertraut zu machen. Missionsversuche bringen in der Regel in unseren Breitengraden nur sehr spärliche Früchte hervor. Die fromme Vertröstung, dass Jesus auch für einen einzelnen Menschen gestorben wäre, um diesen zu retten, könnte uns davon abhalten, nach den wirklichen Ursachen für die Ablehnung von Missionsversuchen zu forschen. Warum bleibt der Erfolg der missionarischen Bemühungen der Siebenten-Tags-Adventisten in den westlichen Breitengraden gegenwärtig nicht mehr als eine Randerscheinung?

Das paulinische Allen-alles-Werden war schon zu seiner Zeit eine große Herausforderung für die Mission. In einer sich immer schneller wandelnden Gesellschaft wie der heutigen ist die Herausforderung noch viel größer.

Eine grundlegende Erkenntnis ist die eben besprochene, dass wir heute in einem nahezu gegensätzlichen Verständnis von Gesellschaft leben wie die Menschen zur Zeit der Abfassung der Bibel. War damals, vor allem zur Zeit des Alten Testaments, der Kollektivismus vorherrschend, so ist es heute der Individualismus. In ihrer extremen Ausprägung ist diese Gesellschaftsform von folgenden Merkmalen gekennzeichnet:

- Der Mensch wächst im günstigsten Fall in Kleinfamilien heran, sehr viel öfter aber in fragmentierten Familien (alleinerziehende Mütter oder Väter) oder in sogenannten Patchworkfamilien.
- Man denkt in „Ich"-Begriffen.
- Die Identität ist im Individuum, in einem selbst, begründet.

- Kritik und Konfrontation auf sachlicher Ebene werden erwartet und durch die Bildungssysteme gefördert.
- Aufgaben haben meist Vorrang vor Beziehungen.
- Jeder soll seine eigene Meinung haben und vertreten.
- Das eigene Ansehen ist wichtiger als das Ansehen der Familie oder Gruppe.

Man mag diese grundsätzliche gesellschaftliche Struktur gutheißen oder nicht – heutzutage müssen wir alle damit umgehen. Und es gilt, das Evangelium Gottes in eine derart individualisierte Gesellschaft hineinzutragen. Was dabei helfen kann, ist, den einzelnen Menschen in seiner Individualität zu erkennen, seine Denkweise, Wertewelt, Lebenslogik und Anknüpfungspunkte zu erkennen. *Wo bin ich ihm ähnlich? Was teile ich von seiner Lebenswirklichkeit?* Wenn die Anknüpfungspunkte für missionarisches Wirken und die geeigneten Kommunikationswege und -formen (weitaus besser als bisher) bekannt sind, fällt es leichter, missionarische Aktivitäten so zu planen, dass sie die Menschen im Innersten berühren.

Fundierte Einblicke in die verschiedenen Denkweisen und gesellschaftlichen Wertewelten bietet die Milieuforschung, deren Ergebnisse in den folgenden Kapiteln vorgestellt werden.

Verschiedene Ansätze der Milieuforschung

Wer sich mit Milieuforschung beschäftigt, stößt auf verschiedene Modelle. Es gibt neben den Sinus-Milieus® auch noch die Delta- und Sigma-Milieus. Beim direkten Vergleich fällt auf, dass deren zugrunde liegende Struktur weitgehend identisch ist. Alle drei Modelle weisen in der Vertikale den sozialen Status (Ober-, Mittel-, Unterschicht) als eine Dimension der jeweiligen Milieulandkarte aus. Ebenso haben alle in der Horizontalen die Werte- oder Lebensweltorientierung als zweite Dimension. Ein dritter Blick auf die jeweiligen Diagramme zeigt auch eine starke Übereinstimmung bei den Bezeichnungen und/oder den Beschreibungen der Milieus. Diese Ähnlichkeiten lassen sich unter anderem dadurch erklären, dass die ersten Schritte zu diesen Modellen vor allem von zwei Sozialforschern gemeinsam entwickelt wurden, die später jeweils ihre eigenen Modelle weiterentwickelten und vermarkteten.[11]

Dass in diesem Buch das Sinus-Milieu®-Modell bevorzugt wird, hat folgende Gründe:

1. Das Sinus-Milieu®-Modell hat die weiteste Bandbreite bezüglich der Anwendung auf vielfältige Fragestellungen und Zielgruppen.

2. Dadurch werden laufend neue Daten erhoben, die zu einer häufigen Nachjustierung des Modells beitragen. Zwar besteht die sogenannte Kartoffelgrafik der Milieus aktuell seit 2011, die Zahlen zur prozentualen Verteilung der Milieus und die Entwicklungstendenzen werden aber jährlich aktualisiert. Ab einer signifikanten Verschiebung der prozentualen Anteile ist wieder mit einer neuen Grafik zu rechnen.

3. Speziell im kirchlichen Kontext sind die Sinus-Milieus® deshalb von besonderem Interesse, weil die katholische Kirche damit nach 2005 zum zweiten Mal 2011 eine Studie anfertigte. Außerdem schlossen die evangelischen Kirchen in Baden und Württemberg im Jahr 2012 eine solche Studie ab. Durch diese auf dem Sinus-Milieu®-Modell basierenden Studien ergibt sich eine Vergleichsbasis, die andere Milieumodelle so nicht bieten.

---

[11] Jörg Ueltzhöffer (heute Geschäftsführer von SIGMA) und Berthold Flaig (heute Geschäftsführer von SINUS) entwickelten in den Siebzigerjahren den Ansatz der sozialen Milieus. Vgl. www.bpb.de/apuz/29433/ milieuforschung-und-transnationales-zielgruppenmarketing?p=all# footnodeid_1-1 (letzter Zugriff: 15.8.2018).

3

Einführung in die Sinus-Milieus®

Was sind Sinus-Milieus®?

Anders als in dem früher sehr beliebten soziologischen Schichtenmodell, wo Kriterien wie Schulbildung, Beruf oder Einkommen die wichtigste Rolle spielten, gehen die Sinus-Milieus® von der Lebenswelt und dem Lebensstil der Menschen aus. Hierbei wird nach der grundlegenden Wertorientierung und den Alltagseinstellungen (zum Beispiel zur Spiritualität, zur Arbeit, zum Konsum, zur Familie, zur Freizeit und so weiter) gefragt. Dadurch können Menschen soziologisch zu Gruppen zusammengefasst werden, die mit gleicher Gesinnung oder zumindest in hoher Übereinstimmung leben.

Die Sinus-Milieus® beschreiben also real existierende Subkulturen und konstruieren damit ein lebensechtes Abbild unserer Gesellschaft – auch wenn die Milieus so als gesellschaftliche Gruppen nicht vorkommen. Das heißt: Kaum jemand würde sich im Alltag als Expeditiver, Adaptiv-Pragmatischer, Liberal-Intellektueller und so weiter bezeichnen. Trotzdem sind die Milieus ein guter Filter, gewissermaßen eine „Sehhilfe", um die Gesellschaft um uns herum besser zu verstehen.

Der Forschungshintergrund

Durch fortlaufende Forschung wird das Sinus-Modell ständig aktualisiert. Dadurch sind Entwicklungen und Veränderungen in den Anteilen der einzelnen Milieus erkennbar. Der Wandel wird nachvollziehbar und es zeichnen sich Tendenzen ab, wohin die Trends der Entwicklung gehen. Das SINUS-Institut legt Wert auf einen ganzheitlichen Ansatz, um die Lebenswelt der verschiedenen Milieus möglichst umfassend zu erfassen und zu verstehen. Nur die ganzheitliche Betrachtung des Einzelnen führt zu realistischen Beschreibungen der Alltagswirklichkeit, zu Gruppen Gleichgesinnter, die es tatsächlich gibt.

Dabei wird das alte Schichtenmodell (Unter-, Mittel- und Oberschicht) aufgegriffen und um eine zweite Perspektive ergänzt. Diese zweite Perspektive ist die sogenannte Lebensweltorientierung, also die Art und Weise, wie jemand sich sein Leben einrichtet. Die Lebensweltorientierung wird schließlich in drei Bereiche unterschieden: „[E]ine traditionsorientierte (prämoderne), eine durch das Streben nach Individualisierung und Modernisierung geprägte (moderne) und eine durch Pragmatismus, Multioptionalität, Erleben-Wollen und plurale Denk- wie Verhaltensweisen bestimmte (postmoderne) Mentalität."[1]

Ursprünglich wurde das Modell für wirtschaftliche Interessen entwickelt. Inzwischen wurde es in seinem Nutzwert aber weit darüber hinaus entdeckt, unter anderem wenn es darum geht, passende Kommunikationswege für die verschiedenen Milieus zu ermitteln. So arbeiteten bereits mehrfach auch verschiedene Kirchen damit (siehe folgendes Kapitel).

Sinus-Milieus®: Wie sehen sie aus?

Der folgende Abschnitt beschreibt die Sinus-Milieus® für Deutschland, Österreich und die Schweiz. Daran schließt sich eine kurze Vorstellung der Sinus-Meta-Milieus® an, die einen Anknüpfungs-

---

[1] Heinzpeter Hempelmann, *Gott im Milieu – Wie Sinusstudien der Kirche helfen können, Menschen zu erreichen*, Gießen 2013, S. 44.

punkt für eine übernationale Missionsstrategie bieten, in der man von Ergebnissen und Erkenntnissen zu ähnlichen Milieus aus anderen Ländern profitieren kann.

Aus den beiden Dimensionen des Schichtenmodells und der Lebensweltorientierung ergibt sich eine „soziologische Landkarte" mit der sogenannten Kartoffelgrafik. Diese wird so bezeichnet, weil die verschiedenen Milieus mit ihren Ausdehnungen kartoffelähnlich aussehen. Dabei wird auch sichtbar, dass die Milieus keine streng voneinander abgegrenzten Zonen sind. Es gibt fließende Übergänge zwischen den Milieus – repräsentiert durch die Überlappungen der „Kartoffeln". So kann es Traditionelle geben, die so weit am linken Rand des traditionellen Bereichs angesiedelt sind, dass ihnen jene, die sich auch mit dem Milieu der bürgerlichen Mitte gut verstehen, schon suspekt vorkommen, in religiösem Sprachgebrauch: liberal oder abgefallen. Es kann Performer geben, die sich dem expeditiven Milieu sehr nahe fühlen, während andere Performer sich eher zum sozialökologischen Milieu hingezogen fühlen und so weiter. Je weiter jemand von den Überlappungsbereichen entfernt ist, desto größer dürfte sein Bedürfnis sein, sich von der Andersartigkeit der übrigen Milieus zu distanzieren, sprich er wird Abwehr- und Ausgrenzungsverhalten an den Tag legen.

Die Abbildungen 1, 2 und 3 im Anhang zeigen die Sinus-Milieus® in Deutschland, Österreich und der Schweiz. Auch wenn die „soziologischen Landkarten" dieser drei deutschsprachigen Länder nicht völlig identisch sind, lassen sich unschwer große Ähnlichkeiten zwischen den zehn Milieus erkennen. Die Kurzbeschreibungen der Milieus variieren zwar von Land zu Land, aber die inhaltlichen Übereinstimmungen sind hoch. Insofern liegt der nachfolgenden Kurzdarstellung der einzelnen Milieus die Beschreibung zur deutschen Milieulandkarte zugrunde.

Die Milieus im Überblick[2]

Drei Vorbemerkungen:

1. Es gibt Vertreter aller Altersgruppen in nahezu allen Milieus. Die im Folgenden genannten Altersangaben beschreiben jeweils die Gruppe, die vom Alter her hauptsächlich im Milieu vertreten ist.
2. Der Leser oder die Leserin möge bei den Kurzbeschreibungen bewusst darauf achten, mit welchen Beschreibungen er/ sie sich sehr wohl, mehr oder weniger wohl oder sehr unwohl fühlt. Diese Gefühle geben einen ersten Hinweis darauf, welchen Milieus er/sie nähersteht als anderen.
3. Kursiv hervorgehoben sind jene Milieubeschreibungen, die sich auf Religion, Glaube und Kirche beziehen.

Die Sinus-Milieus® in Deutschland 2017
Soziale Lage und Grundorientierung

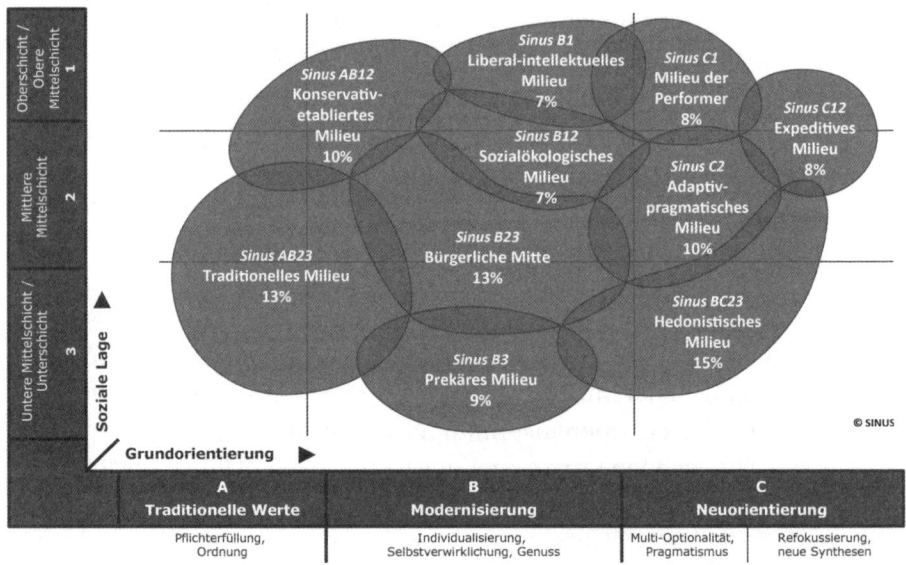

---

2 Die Kurzprofile sind Auszüge aus dem *MDG-Milieuhandbuch 2013*, downloadbar unter www.mdg-online.de/services/mdg-milieuhandbuch-2013 (letzter Zugriff: 27.8.2018).

Sozial gehobene Milieus

Konservativ-etabliertes Milieu: 10 Prozent[3]

- **Das klassische Establishment**
  - Verantwortungs- und Erfolgsethik
  - Exklusivitäts- und Führungsansprüche
  - Standesbewusstsein; starkes Bedürfnis, „unter sich" zu sein
  - Zunehmender Wunsch nach Ordnung und Balance
  - *Religion als Teil der Familientradition und Hüterin traditioneller Werte*
  - *Häufig rational-distanzierte Auseinandersetzung mit Glaubensfragen*
  - *Kirche als Bewahrerin des kulturellen Erbes*
- **Lebensstil**
  - Leistung gepaart mit dem Postulat der Eigenverantwortung als handlungsleitendes Credo, Leistung als Messlatte für sich selbst und die anderen; Leben nach dem „Prinzip Verantwortung"
  - Bewahrung bewährter Traditionen und Lebensformen; ausgeprägter Familiensinn
  - Hochkulturinteressen (Theater, Oper, klassische Konzerte, Museen, Galerien, Kulturreisen); Hobbys mit hohem Sozialprestige (Golf, Segeln)
  - Starkes Interesse an Gesellschaft, Politik und Kirche; Einforderung von Mitspracherechten; soziales und karitatives Engagement
  - Exklusivitätsansprüche; Qualitätsbewusstsein und starke Markenorientierung; Abgrenzung durch überlegenen ökologischen Konsum
  - Hohe Serviceansprüche („bedient werden"); Luxus und exklusiver Konsum als etwas, das einem aufgrund der persönlichen Leistung und der daraus resultierenden gesellschaftlichen Stellung zusteht

---

[3] Die Prozentangaben beziehen sich jeweils auf die Gesamtbevölkerung in Deutschland.

- Leben im Kreise von „Gleichgesinnten", gehobene Zirkel, starke Tendenzen, nur unter seinesgleichen zu bleiben; Statusdenken und Standesbewusstsein
- **Soziale Lage**
  - Milieu mittleren Alters: Schwerpunkt 40 bis 60 Jahre, Ø 49 Jahre
  - Mittlere bis höhere Bildungsabschlüsse
  - Häufig verheiratet, mit Kindern im Haushalt
  - Überrepräsentiert in den westlichen Bundesländern
  - Leitende und qualifizierte Angestellte, gehobene Beamte

Liberal-intellektuelles Milieu: 7 Prozent

- **Die aufgeklärte Bildungselite**
  - Kritische Weltsicht
  - Liberale Grundhaltung und postmaterielle Wurzeln
  - Wunsch nach Selbstbestimmung und Selbstentfaltung
  - Vielfältige intellektuelle Interessen
  - *Kritischer Zugang zu Religion und Glaube*
  - *Orientierung am „Weltethos", spirituelle Offenheit und Toleranz gegenüber religiöser Vielfalt*
  - *Kirche als Sozialagentur für Benachteiligte*
- **Lebensstil**
  - Lebensqualität steht über allem – persönlich und gesellschaftlich; strebt nach Sinneslust und -genuss (Hedonismus), Freude an den schönen Dingen des Lebens, Aufgeschlossenheit für Luxus, Genuss, Service und Entlastung
  - Streben nach Gleichgewicht zwischen Körper, Geist und Seele, Work-Life-Balance; Wunsch nach Selbstentfaltung und persönlicher Weiterentwicklung; aktives Freizeitleben
  - Ideal einer nachhaltigen, umwelt- und gesundheitsbewussten Lebensführung (zum Beispiel Produkte aus biologischem Anbau und fairem Handel, Naturheilverfahren), aber kein missionarischer Eifer

- Community-Orientierung, gesellschaftliche Teilnahme und Engagement (Vereine, Initiativen, Politik, Kirche und so weiter); Networking und intensiver Austausch mit Gleichgesinnten
- Globales Denken, prinzipielle Offenheit gegenüber anderen Denkweisen und Lebensstilen; weitgespannte Themeninteressen, Bedürfnis nach intellektueller Anregung (Kunst, Musik, Kultur), häufig selbst künstlerisch aktiv
- Anspruchsvolles und selektives Konsumverhalten ("Weniger ist mehr"), Aversion gegen die oberflächliche Konsum- und Mediengesellschaft – aber aktives Informationsverhalten, souveräne Nutzung der neuen Medien
- Bejahung von Aufklärung und Emanzipation, Zurückweisung der traditionellen Rollenklischees; Orientierung am Ideal von Gleichstellung und sozialer Gerechtigkeit
- *Soziale Lage*
  - Mittlere Altersgruppen: Schwerpunkt 40 bis 50 Jahre, Ø 45 Jahre
  - Hohe Formalbildung; höchster Anteil an akademischen Abschlüssen im Milieuvergleich
  - Häufig verheiratet, mit Kindern im Haushalt
  - Überproportional häufig voll berufstätig
  - Überdurchschnittlich viele Selbstständige, zudem viele qualifizierte und leitende Angestellte

Milieu der Performer: 8 Prozent

- *Die multioptionale, effizienzorientierte Leistungselite*
  - Globalökonomisches Denken
  - Selbstbild als Konsum- und Stilavantgarde
  - Hohe Technik- und IT-Affinität und -Kompetenz
  - Etablierungstendenz, Erosion des visionären Elans
  - *Glaube an mentales Vermögen des Einzelnen*
  - *Häufig Ablehnung der Gottesidee*
  - *Generalvorbehalt gegenüber den etablierten Religionen*
  - *Kirche als Zeitgeistkorrektiv und Inspiration*

- *Lebensstil*
  - Selbstverständnis als die moderne, zeitgemäße Elite, Anspruch einer Vorreiterrolle hinsichtlich Stilpräferenzen und Lebensart; ausgeprägte Tendenz zu sozialer Abgrenzung
  - Konsequent individualisierter Leistungsbegriff, hohes Ich-Vertrauen; Macher-Mentalität: smart, dynamisch, visionär, „always on"
  - Patchworking, keine Festlegung auf konventionelle Lebensmuster, Multioptionalität; Networking und Multitasking als Schlüsselkompetenzen; Vermischung von Arbeit, Freizeit und sozialem Leben
  - Kompetitive Grundhaltung in allen Lebensbereichen (Job, Freizeit, Sport); Herausforderungen bestehen, unter den Besten sein, neue intensive Erfahrungen machen
  - Großes Interesse an sportlicher Betätigung (Trendsport, Prestigesport, Extremsport); outdoor-orientierte Freizeitgestaltung (unterwegs sein, aktiv sein, Events)
  - Selbstverständliche Integration der neuen Medien in die alltägliche Lebensführung, hohe IT- und Multimediakompetenz; moderne Technik als Spielzeug wie auch als Arbeitsmittel zur Effizienzsteigerung
  - Ausgeprägte Konsumorientierung, Konsum als Belohnung für Leistung; hohe Ansprüche an Qualität und Design, Lust auf das Besondere
- *Soziale Lage*
  - Altersschwerpunkt 30 bis 50 Jahre, Ø 41 Jahre
  - Männer leicht überrepräsentiert
  - Hoher Anteil Lediger; Paare ohne und mit (kleineren) Kindern
  - Häufig höhere Bildungsabschlüsse mit Studium
  - Höchster Anteil voll Berufstätiger im Milieuvergleich
  - Hoher Anteil Selbstständiger und Freiberufler; viele qualifizierte und leitende Positionen

Expeditives Milieu: 8 Prozent

- *Die ambitionierte kreative Avantgarde*
  - Länderübergreifende Trendsetter – mental, kulturell und geografisch mobil
  - Online und offline vernetzt
  - Unangepasst, auf der Suche nach neuen Grenzen und neuen Lösungen
  - *Lebenssinn durch Grenzerfahrungen, häufig Patchwork-religion*
  - *Keine Festlegung auf einen Glauben oder eine Weltanschauung*
  - *Ablehnung des institutionalisierten und ritualisierten kirchlichen Lebens*
- *Lebensstil*
  - Selbstverständnis als postmoderne Avantgarde: kreativ-intellektuell, subkultur-affin, weltanschaulich unvoreingenommen, in entspannter Opposition zum bürgerlichen Lebensstil
  - Mental und geografisch mobiles Leben („kein unnötiger Ballast"), bevorzugt in urbanen Nischen („kulturelle Flaneure"); sichere Präsenz in unterschiedlichen sozialen Biotopen
  - Ablehnung von äußeren Zwängen, Konformität, Rollen, Routinen oder (lebenslanger) Festlegung; häufig unkonventionelle Karrieren (zum Beispiel in der Kreativbranche) und Patchworkbiografien
  - Faible für das Außergewöhnliche und Neue, das Ungedachte, die Verbindung und Überwindung von Gegensätzen; immer auf der Flucht vor dem Mainstream und auf Kriegsfuß mit allem Dogmatischen (zum Beispiel Öko-Hardliner)
  - Starkes Bedürfnis nach Kommunikation und Vernetzung, Suche nach Bewegung, Innovation und Inspiration (Events, Konzerte, Clubs, Szene-Locations); Verschwim-

men von Beruflichem und Privatem, Denken in alternativen Geschäftsmodellen

- Freude an stilistischen Provokationen, oft inszeniert-nachlässiges Erscheinungsbild – aber Abgrenzung von Trash; großes Interesse an Musik, Kunst, Kultur
- Selektives Konsumverhalten (Fokus auf Neuheit, limitierter Verfügbarkeit und Extravaganz), ausgeprägtes Markenbewusstsein (außergewöhnliche Marken, unbekannte Designer); großes Medienbudget (IT, Multimedia, Musikmedien)
- *Soziale Lage*
  - Jüngstes Milieu: zwei Drittel unter 30 Jahren, Ø 28 Jahre
  - Vergleichsweise hoher Männeranteil
  - Viele Ledige und Singles; viele leben noch im Haushalt der Eltern
  - Hohe Formalbildung; im Milieuvergleich geringster Anteil mit Hauptschulabschluss, höchster Anteil an Abiturienten
  - 40 Prozent noch in Ausbildung; unter den Berufstätigen viele Selbstständige und Freiberufler; qualifizierte und leitende Angestellte

Milieus der Mitte

Bürgerliche Mitte: 13 Prozent

- *Der leistungs- und anpassungsbereite bürgerliche Mainstream*
  - Generelle Bejahung der gesellschaftlichen Ordnung
  - Wunsch nach beruflicher und sozialer Etablierung, nach gesicherten und harmonischen Verhältnissen
  - Wachsende Überforderung und Abstiegsängste
  - *Der (persönliche) Glaube kann Rückhalt und Orientierungshilfe sein*
  - *Aber Religion ist weltfremd und wenig alltagstauglich*
  - *Negativimage der Amtskirchen; gelegentlich akzeptiert als Bürgeragentur vor Ort*

- *Lebensstil*
  - Konventioneller, modern-bürgerlicher Lifestyle: Streben nach Wärme, Nähe und Geborgenheit, nach einer Balance von Arbeit und Freizeit, von persönlichen Interessen und familiären Ansprüchen; starke Wellness-Orientierung
  - Wunsch nach Lebensqualität, Komfort und Genuss; ausgeprägte Ansprüche an Komfort, Selbstbewusstsein als Verbraucher, legt beim Einkaufen Wert auf Qualität und sucht gleichzeitig nach günstigen Preisen
  - Beachtung sozialer Normen und Konventionen, Sehnsucht nach Schönheit und Harmonie im Privaten und Ausgleich in der Gesellschaft (geordnete Verhältnisse, Rücksicht); häufig unkritische Status-quo-Orientierung
  - Tendenz zur Abgrenzung nach unten sowie gegenüber den sozialen Rändern, Oben-unten-Weltbild mit teilweise autoritären Zügen, häufig auch chauvinistische Tendenzen
  - Lebensmittelpunkt ist die bürgerliche Kernfamilie, Wunsch nach einer dauerhaften Partnerbeziehung, traditionelle Rollenteilung; aufwendige Förderung der Kinder, Mitmachen beim „Bildungswettrüsten" (nachdem die eigenen Spielräume enger geworden sind, ruhen alle Aufstiegshoffnungen auf dem Nachwuchs)
  - Konsumpriorität haben ein gut ausgestattetes, gemütliches Heim und ein gepflegtes Outfit; aber auch für Auto, Urlaub, Freizeit, Sport, Aktivitäten mit Freunden (und nicht zuletzt für die Kinder) wird – sofern man nicht zum Sparen gezwungen ist – gerne Geld ausgegeben
  - Bevorzugung konventionell-moderner Ästhetik – von freundlich-gediegen bis repräsentativ; Schwäche für modische Designprodukte einerseits, für rustikal-natürliche Ästhetik und Retrotrends andererseits

- *Soziale Lage*
  - Mittlere Altersgruppe und Ältere ab 40 Jahren, Ø 52 Jahre
  - Höchster Anteil Verheirateter im Milieuvergleich; oft ältere Kinder im Haushalt, aber auch sogenannte *Empty Nester*, also Eltern, deren Kinder das Haus verlassen haben
  - Leicht überrepräsentiert in den ostdeutschen Bundesländern
  - Qualifizierte mittlere Bildungsabschlüsse; sehr geringer Akademikeranteil
  - Überwiegend berufstätig; einfache/mittlere Angestellte, Facharbeiter; knapp ein Drittel ist bereits im Ruhestand

Adaptiv-pragmatisches Milieu: 10 Prozent

- *Die moderne junge Mitte*
  - Ausgeprägter Lebenspragmatismus und Nützlichkeitsdenken
  - Leistungs- und anpassungsbereit, aber auch Wunsch nach Spaß und Unterhaltung
  - Zielstrebig und kompromissbereit, lustorientiert und angepasst, flexibel und sicherheitsorientiert, weltoffen
  - Starkes Bedürfnis nach Verankerung und Zugehörigkeit
  - *Sinnfragen sind Alltagsfragen, Dominanz der Leistungs- und Erfolgsethik*
  - *Betrachtung von Religion und Glaube unter Nützlichkeitsaspekten*
  - *Kirche wird abgewertet und ist nicht alltagsrelevant, hat allenfalls Dienstleisterfunktion*
- *Lebensstil*
  - Einerseits Offenheit für Neues (insbesondere bei Medien und Technologien), Orientierung an/Adaption von Trends (aber keine Trendsetter); Abgrenzung von altbackenen Werten, Lebensstilen und Moralvorstellungen
  - Andererseits Sehnsucht nach Anschluss und Integration, Wunsch nach Anker, Halt und Geborgenheit – verbunden

mit Flucht- und Abschottungstendenzen

- Folge: Spagat zwischen Leistungs- und Familienorientierung, zwischen Effizienz und Kreativität, zwischen Lebenslust/Genuss und Nutzenorientierung, zwischen Erlebnis- und Sicherheitsbedürfnis
- Mainstream der modernen Freizeitkultur, jugendtypisches, unterhaltungsorientiertes Freizeitverhalten; konventionell-moderne Stilpräferenzen (IKEA & Co.), pfiffige Arrangements und Inszenierungen, aber keine Übertreibungen (Bedürfnis nach Harmonie)
- Konsumlust (Konsumieren bedeutet Lebensqualität), das Geld, das man verdient, gibt man auch gerne aus; spontane Belohnungskäufe leistet man sich ohne Reue – aber größere Anschaffungen werden sorgfältig geplant (keine Tendenz zur Verschuldung)
- IT und Multimedia als selbstverständliches Element im Alltag – im Beruf und in der Freizeit (häufig Digital Natives); intensiver Medienkonsum

- **Soziale Lage**
  - Altersschwerpunkt unter 40 Jahren, Ø 36 Jahre
  - Frauen sind überrepräsentiert
  - Jede(r) Zweite ist verheiratet, häufig noch ohne Kinder; viele leben noch im Elternhaus
  - Mittlere bis gehobene Bildungsabschlüsse (Mittlere Reife, Abitur)
  - Einfache, mittlere und qualifizierte Angestellte sowie Facharbeiter; überdurchschnittlich viele Teilzeitbeschäftigte

Sozialökologisches Milieu: 7 Prozent

- **Engagiert gesellschaftskritisches Milieu**
  - Normative Vorstellungen vom „richtigen" Leben
  - Konsumkritisch und -bewusst
  - Ausgeprägtes ökologisches und soziales Gewissen
  - Globalisierungsskeptiker

- Bannerträger der *Political Correctness* und kulturellen Verschiedenheit
- *Aktive Sinnsuche, Verantwortungsbewusstsein für eine bessere Welt*
- *Ablehnung des normativen Anspruchs der Religionen*
- *Große Distanz zu den Amtskirchen, Faible für fernöstliche spirituelle Angebote*
- **Lebensstil**
  - Selbstverständnis als ökologische Avantgarde und Visionäre einer besseren Gesellschaft; Bemühen um einen konsequent ökologischen Lebensstil im privaten Alltag (Ernährung, Wohnen, Energie, Mobilität); keine Technikfeindlichkeit (innovative Technologien zur Lösung von Umweltproblemen)
  - Selbstdefinition eher über anspruchsvolle intellektuelle und kulturelle Interessen und Engagements als über Status, Besitz und Konsum; ausgeprägte ästhetische und kontemplative Bedürfnisse, Affinität zu Spiritualität und Esoterik
  - Ablehnung der sinnentleerten Jagd nach Geld und Konsum; Aversion gegenüber entfesseltem Konsum-Hedonismus und „Geiz ist geil"-Mentalität, starke Abgrenzung vom trashigen Lebensstil der modernen Unterschicht
  - Motto: mehr Sein als Schein, Distanz zu allem Künstlichen, Überladenen, Oberflächlichen, Protzigen; Wunsch nach Entschleunigung, Anhänger des Prinzips „Small is beautiful" (dt. „Klein aber fein")
  - Bewusstes, strategisches, dem Prinzip der Nachhaltigkeit verpflichtetes Konsumverhalten (die Macht des Verbrauchers nutzen), fair gehandelte, ökologisch zertifizierte und schadstoffarme Produkte, gesunde, frische Lebensmittel; hohe Sensibilität für *Greenwashing* in der Werbung, sprich den Versuch von Unternehmen, sich ein umweltfreundliches Image zuzulegen

- Kosmopolitische Perspektive, globale Betroffenheit (Rettung des Planeten, Gerechtigkeit und Wohlfahrt für alle Menschen), Pazifismus; ausgeprägtes Interesse an fremden Kulturen, Weltoffenheit und Toleranz
- *Soziale Lage*
  - Breite Altersspanne: 30 bis 60 Jahre, Ø 48 Jahre
  - Frauen leicht überrepräsentiert
  - Hoher Anteil Geschiedener
  - Schwerpunkt in den alten Bundesländern
  - Hohe Formalbildung, fast ein Drittel mit Abitur oder Studium
  - Höchster Anteil an Teilzeitbeschäftigten und nicht mehr Berufstätigen im Milieuvergleich
  - Viele qualifizierte Angestellte und höhere Beamte, auch kleine Selbstständige und Freiberufler

Milieus der unteren Mitte/Unterschicht

Traditionelles Milieu: 13 Prozent

- *Die Sicherheit und Ordnung liebende ältere (Kriegs-/ Nachkriegs-)Generation*
  - Verhaftet in der kleinbürgerlichen Welt beziehungsweise in der traditionellen Arbeiterkultur
  - Sparsamkeit und Anpassung an die Notwendigkeiten
  - Zunehmende Resignation und Gefühl des Abgehängtseins
  - *Restbestände christlicher Lebensführung*
  - *Religion ist oft Lebensgrundlage und Lebenssinn, viele biografische Bezüge*
  - *Kirche als Heimat und als moralische Instanz*
- *Lebensstil*
  - Wichtig im Alltag sind Kontinuität, Verlässlichkeit, Gleichmäßigkeit – bis hin zu Gleichförmigkeit; Sicherheit und Geborgenheit durch Routinen, Rituale, Bräuche, Volksweisheiten

- Unbehagen gegenüber Wandel und Veränderung, wenig Bereitschaft, sich auf Neues/Fremdes einzulassen; teilweise romantische Verklärung der Vergangenheit („Früher war vieles besser")
- Ordnung und Sauberkeit als wichtigstes Stilprinzip, Alltagsbewältigung mit „preußischen Tugenden"; Ästhetik des Praktischen und Nützlichen
- Zurückhaltendes Konsumverhalten, Ausrichtung am Basisbedarf (Ethik des Verzichts); wenn finanziell möglich: Orientierung am mittleren Angebot, kein Billigkonsum
- Tendenz zum Rückzug in die eigenen vier Wände (Schutzwall aus Gardinen, Hecken, Zäunen); Leitmotive: heile Welt, Bequemlichkeit und Gemütlichkeit
- Passives Freizeitverhalten: Haus, Garten, Hobbys und familiäre Verpflichtungen; Entspannung und Ablenkung durch Medienkonsum (Fernsehen, Zeitschriften)
- Leben findet offline statt, große Distanz zum Internet und Multimedia, Skepsis gegenüber virtuellen Welten; große Vorliebe für volkstümliche Unterhaltungskultur
- **Soziale Lage**
  - Das älteste Milieu: Schwerpunkt im Alterssegment 60+, Ø 65 Jahre
  - Entsprechend hoher Frauenanteil sowie viele Rentner/ Pensionäre und Verwitwete
  - Meist niedrige Formalbildung (Grundschule/Hauptschule)

Prekäres Milieu: 9 Prozent

- **Die um Orientierung und Teilhabe („Dazugehören") bemühte Unterschicht**
  - Starke Zukunftsängste
  - Bemüht, Anschluss zu halten an die Konsumstandards der breiten Mitte – aber Häufung sozialer Benachteiligungen, Ausgrenzungserfahrungen, Verbitterung und versteckter Neid

- Geringe Aufstiegsperspektiven, reaktive Grundhaltung
- *Zweifel am Sinn des Lebens, Orientierungslosigkeit und Fatalismus*
- *Wenig Bezüge zu Religion und Glaube, Konzentration auf das Diesseits*
- *Kirche ist eine fremde Welt, im besten Fall Instanz für soziale Gerechtigkeit*
- **Lebensstil**
  - Suche nach Problemfreiheit und Ablenkung, ausgeprägtes Bedürfnis nach Unterhaltung, intensiver Medien- und Genussmittelkonsum (Zigaretten, Alkohol, Süßigkeiten, Snacks); Flucht in Traumwelten (das schöne Leben der Gewinner in Fernsehen und Video)
  - Träume vom „besonderen Leben" (Geld, Luxus, Prestige), von plötzlich auftauchenden großen Chancen – als Kompensation der häufig prekären finanziellen Lage
  - Große Bedeutung von Äußerlichkeitswerten, insbesondere bei Männern starkes Geltungsbedürfnis (zum Beispiel Body-Kult); Mode- und Trendaffinität, Spaß an der medialen Trashkultur
  - Tendenz zum Rückzug in die eigenen Enklaven und Netzwerke; Gefahr der Randständigkeit versus Selbstbewusstsein als robuste Überlebenskämpfer und Protagonisten einer trotzigen Unterschichtkultur („sich durchboxen")
  - Die eingeschränkten eigenen Möglichkeiten führen oft auch zu aggressiver Abgrenzung gegenüber Randgruppen und Ausländern („die noch tiefer stehen"), mit denen man in Konkurrenz um Arbeitsplätze, Wohnraum und Sozialtransfers steht
- **Soziale Lage**
  - Mittlere Altersgruppen und Ältere, Schwerpunkt in der Alterskohorte 50+, Ø 51 Jahre
  - Überdurchschnittlich viele Alleinlebende und Verwitwete; höchster Anteil an Geschiedenen im Milieuvergleich

- Deutlich überrepräsentiert in den ostdeutschen Bundesländern
- Meist niedrige Bildungsabschlüsse (Hauptschule mit oder ohne Lehre)
- Arbeiter und Facharbeiter; höchster Arbeitslosenanteil im Milieuvergleich

Hedonistisches Milieu: 15 Prozent

- *Die spaß- und erlebnisorientierte moderne Unterschicht/untere Mitte*
  - Leben im Hier und Jetzt, unbekümmert und spontan
  - Häufig angepasst im Beruf, aber Ausbrechen aus den Zwängen des Alltags in der Freizeit
  - Verweigerung von Konventionen und Verhaltenserwartungen der Leistungsgesellschaft
  - *Oberflächlicher Bezug zu Normen und Werten, Sinnfragen sind spaßfeindlich*
  - *Religion ist Flucht vor der Realität versus Hilfe in der Not*
  - *Kirche als einengende Institution oder gänzlich „unbekanntes" Wesen*
- *Lebensstil*
  - Veränderungs-, Lebens- und Experimentierfreude – Lebenshunger bis hin zur Lust am Extremen; ungehinderte Spontaneität und Gegenwartsorientierung als Programm, Ausleben seiner Gefühle, Begabungen, Sehnsüchte und Fantasien
  - Geringe Frustrationstoleranz und Verzichtsbereitschaft, häufig Bildungs- und Leistungsfatalismus; Leben im Hier und Jetzt: Unbekümmertheit, wenig Planung, sich möglichst wenig Gedanken um die Zukunft machen, sich treiben lassen, sehen, was kommt
  - Spontaner Konsumstil, unkontrollierter Umgang mit Geld; hohe Konsumneigung bei Unterhaltungselektronik, Musik, Multimedia, Kleidung, Ausgehen, Sport; geringes Umwelt- und Gesundheitsbewusstsein

- Starkes Bedürfnis nach Kommunikation, Inspiration, Stimulation: Ausgehen, Besuch von Veranstaltungen, Raves/Techno-Events, Flashmobs, Disco, Szenelokale
- Leben und Inszenieren von Widersprüchen, Spiel mit Rollen und Lebensstilen; Toleranz fremder Lebensformen und Kulturen
- Identifikation mit den jeweils aktuellen Lifestyles (gängige Schönheitsideale und Popikonen als Vorbilder) versus demonstrative Unangepasstheit, Spaß an Tabuverletzung und Provokation (Orientierung an Nischenmarken, Faible für Retro und Esoterik)
- Jugendlichkeits- und Body-Kult sind mächtige Lifestyle-Normen im Milieu – bereiten den (älteren) Milieuangehörigen aber zunehmend Probleme
- *Soziale Lage*
  - Jüngere Altersgruppen: bis 40 Jahre, Ø 39 Jahre
  - Hoher Anteil an Ledigen (mit und ohne Partner im Haushalt); nur jede(r) Zweite hat Kinder
  - Kein deutlicher Schwerpunkt im Niveau der Formalbildung
  - Einfache und mittlere Angestellte, Arbeiter und Facharbeiter; leicht überdurchschnittliche Arbeitslosenquote
  - Überdurchschnittlicher Anteil an Schülern, Studenten und Azubis

Was sind Sinus-Meta-Milieus® und welchen Nutzen haben sie?

Die oben vorgestellten Kurzbeschreibungen beziehen sich zunächst auf die Bundesrepublik Deutschland. Das SINUS-Institut analysierte im Laufe der Jahrzehnte Daten aus insgesamt 44 Ländern und entwickelte daraus die sogenannten Sinus-Meta-Milieus®. Sie beschreiben länderübergreifend vergleichbare Milieus – ohne dabei jedoch lokale Besonderheiten zu ignorieren. Im interkulturellen Vergleich stellt sich heraus, dass über Ländergrenzen hinweg Gruppen Gleichgesinnter (Metamilieus) existieren. Tatsächlich lassen sich international gemeinsame Muster identifizieren, wie beispielsweise in Werteorientierung, Lebensstil oder Konsumverhalten. Und häufig ist dabei festzustellen, dass Menschen aus verschiedenen Ländern, aber vergleichbaren Milieus mehr miteinander verbindet als mit dem Rest ihrer Landsleute. (Siehe dazu die Abbildungen 4 und 5.)

Eine weltweit aufgestellte Kirche wie die der Siebenten-Tags-Adventisten kann aus der länderübergreifenden Trend- und Milieuforschung starke Synergien entwickeln. Die Erfassung des sozialen Wandels in einer international vergleichenden Perspektive kann helfen, missionarisch erfolgreiche Konzepte den Milieus zuzuordnen, in denen sie erfolgreich waren, und damit in anderen Ländern Impulse zu einer milieuorientierten Missionsstrategie geben.

4

Religion und Kirche in den Sinus-Milieus®
und die Mission

In diesem Kapitel werden die Ergebnisse einer Umfrage des SINUS-Instituts zu Religion und Kirche vorgestellt sowie jeweils einzelne Studien der katholischen wie der evangelischen Kirche. Die repräsentative Befragung des SINUS-Instituts von 2000 Deutschen ab dem 14. Lebensjahr wurde im September und Oktober 2011 durchgeführt. Folgende Aspekte der Kirchenzugehörigkeit und der Relevanz eines persönlichen Glaubens lassen sich daran ablesen:

Knapp 60 Prozent der Deutschen gehören der evangelischen beziehungsweise protestantischen Kirche oder der katholischen Kirche an (siehe Abbildung 6). Über ein Drittel der Deutschen ist konfessionslos oder Mitglied anderer religiöser Gruppen.[1] Diese Zahlen werden allerdings erst dann bedeutsam, wenn ihre Verteilung auf die verschiedenen Milieus betrachtet wird.

Kirchenzugehörigkeit und Konfessionslosigkeit

Unter Traditionellen und Konservativ-Etablierten liegt der Anteil an Kirchenmitgliedern mit 71 beziehungsweise 72 Prozent deutlich über dem Bevölkerungsdurchschnitt (siehe Abbildung 8).

---

[1] „Die aktuellen Sinus-Milieus® 2012: Präsentationspaket für Multiplikatoren im kirchlichen Bereich", Heidelberg, Oktober 2012, © Copyright SINUS-Institut, Heidelberg, Folie 105.

Auf der anderen Seite sind es Prekäre und Hedonisten, die mit 39 beziehungsweise 38 Prozent deutlich unter dem Durchschnitt liegen.[2] Für die beiden letztgenannten Gruppen ist die Mitgliedschaft in einer Kirche eindeutig nicht attraktiv. Dies ist insbesondere deswegen interessant, da bei vielen sozialen beziehungsweise karitativen kirchlichen Aktivitäten[3] gerade Menschen aus dem prekären Milieu die Zielgruppe sind. In der Freikirche der Siebenten-Tags-Adventisten werden solche Aktivitäten meist mit der Absicht oder zumindest in der Hoffnung durchgeführt, dabei missionarischen Erfolg durch Taufen zu erzielen.

Während also beide großen Kirchen mehrheitlich weder für Prekäre noch Hedonisten attraktiv sind, sind die Mitglieder der evangelisch-protestantischen Kirchen in den restlichen acht Milieus relativ durchschnittlich verteilt (siehe Abbildung 9).[4] Durch die Vielfältigkeit, die sich aus den verschiedenen evangelischen Landeskirchen, ihren Untergruppen und den diversen Freikirchen ergibt, bieten diese Kirchen einer breiten Masse der Bevölkerung einen geeigneten Anknüpfungspunkt an das kirchliche Leben und damit auch zur Mitgliedschaft.

Deutlich anders sieht die Verteilung bezüglich der katholischen Kirche aus (siehe Abbildung 10).[5] Sie ist zusätzlich zu den Prekären und Hedonisten auch für die Expeditiven nicht attraktiv. Dafür ist sie unter Traditionellen und Konservativ-Etablierten deutlich überrepräsentiert. Mit ihren eher statischen Strukturen und klaren Regeln bezüglich des kirchlichen Lebens scheint die katholische Kirche den jüngeren Milieus wesentlich weniger Identifikationsmöglichkeiten zu bieten – dafür umso mehr der älteren Generation. Dies spiegelt sich auch in der Altersstruktur der Teilnehmer an sonntäglichen Gottesdiensten wider, die häufig – wenn auch nicht immer – aus der älteren Generation stammen.

---

[2] Ebd., Folie 107.
[3] Zum Beispiel Kleiderkammer, Suppenküche oder Lebensmitteltafel.
[4] Die aktuellen Sinus-Milieus® 2012, ebd., Folie 108.
[5] Ebd., Folie 109.

Konsequenterweise sind nach den eben festgestellten Ergebnissen in der Gruppe der Konfessionslosen die Prekären und Hedonisten deutlich überrepräsentiert und bei Traditionellen und Konservativ-Etablierten deutlich unterrepräsentiert (siehe Abbildung 11).[6] Daraus ergibt sich unter anderem Folgendes: Menschen mit konfessioneller Festlegung werden nur selten ihre Kirche wechseln. Menschen mit konfessioneller Ablehnung werden nur selten als Mitglieder einer Kirche in ihrer traditionellen Gestalt zu gewinnen sein. Das stellt die Kirchen insgesamt und damit auch die Siebenten-Tags-Adventisten vor die Herausforderung, neue Formen religiösen Lebens zu finden, die ohne inhaltliche Verluste bei der biblischen Botschaft Menschen die Teilhabe an religiöser Gemeinschaft attraktiv machen.

Interesse an religiösen Fragen

Welchen Stellenwert hat religiöses Leben für Kirchenzugehörige tatsächlich? Weniger als die Hälfte derer, die Mitglieder in den beiden großen christlichen Kirchen sind, interessieren sich überhaupt für religiöse Fragen (siehe Abbildung 7).[7] Überproportional vertreten sind dabei das traditionelle und das konservativ-etablierte Milieu. Diese beiden Milieus sind zugleich jene mit dem höchsten Altersdurchschnitt und der geringsten Austritts- oder Wechselneigung in religiösen Fragen. Deutlich unter dem Durchschnitt von 23 Prozent liegen sechs Milieus. Dabei fallen besonders die beiden Milieus mit dem niedrigsten Altersdurchschnitt auf: die Adaptiv-Pragmatischen und die Expeditiven. Mit nur 9 beziehungsweise 7 Prozent Interesse an religiösen Fragen bieten sie so gut wie keinen direkten Anknüpfungspunkt an religiöse Themen. Bei diesen Milieus ist der Zugang über Lebensthemen, die ihnen bedeutsam sind, besonders wichtig, um Vertrauen aufzubauen. Ohne Vertrauensgrundlage werden religiöse Fragen nicht ins Gespräch zu bringen sein.

---

[6]   Ebd., Folie 110.
[7]   Ebd., Folie 106.

Verhältnis und Verbundenheit

Die Antworten auf die Frage „Wie ist Ihr Verhältnis zu der Kirche/Religionsgemeinschaft, der Sie angehören bzw. angehört haben?" beschreiben differenzierter, welche Position die Befragten gegenüber ihrer Kirche einnehmen (siehe Abbildung 12).[8] Erschreckend gering ist mit durchschnittlich 9 Prozent der Anteil derer, die sich der Kirche, der sie angehören, eng verbunden fühlen. Am stärksten ist der Wert noch bei den Traditionellen mit 22 Prozent. Immer noch überdurchschnittlich ist er bei den Konservativ-Etablierten mit 15 Prozent und in der bürgerlichen Mitte mit 12 Prozent (siehe Abbildung 13). In den meisten Milieus kann von einer engen Verbundenheit keine Rede sein.[9]

Immerhin etwa ein Viertel der Befragten brachte zum Ausdruck, dass sie ihrer Kirche verbunden sind, auch wenn sie viele Aspekte kritisch sehen (siehe Abbildung 14). Am stärksten ist die kritische Verbundenheit mit 42 Prozent bei den Konservativ-Etablierten ausgeprägt. Mit 31 Prozent ist sie bei Traditionellen und in der bürgerlichen Mitte gleich stark und liegt somit auch noch deutlich über dem Durchschnitt von 24 Prozent. In vier Milieus ist die Verbundenheit deutlich unterdurchschnittlich. Es ist jedoch interessant, dass sie in den beiden Milieus der Adaptiv-Pragmatischen und der Expeditiven mit 19 beziehungsweise 14 Prozent deutlich höher ausfällt als bei der vorigen Frage nach der engen Verbundenheit mit der Kirche.[10] Für diese beiden Milieus ist Verbundenheit möglich, wenn sie ihre Kritik einbringen können und diese auch Gehör findet. Das stellt die Freikirche der Siebenten-Tags-Adventisten und vor allem die Ortsgemeinden vor die Frage, inwieweit sie bereit sind, der Kritik der jungen Erwachsenen Raum zu geben und sich damit ehrlich und ernsthaft zu beschäftigen. Dies ist ein wichtiger Aspekt für diese Milieus, um sich ihrer Kirche zumindest verbunden zu fühlen.

---

[8] Ebd., Folie 111.
[9] Ebd., Folie 112.
[10] Ebd., Folie 113.

In der Gruppe derjenigen, die sich schwertun, ihr Verhältnis zu Kirche bzw. Religionsgemeinschaften zu beschreiben, treten drei Milieus etwas hervor (siehe Abbildung 19). Hedonisten liegen mit 13 Prozent, Adaptiv-Pragmatische und Performer mit jeweils 12 Prozent deutlich über dem Durchschnitt von 9 Prozent.[11] Damit ist aber lediglich deren schwieriges Verhältnis zu religiösen Institutionen beschrieben. Offen bleibt, ob damit für die Befragten auch eine persönliche Beziehung zu Gott unmöglich ist. Die Wahrscheinlichkeit ist groß, dass Glaube und Religion nur vom Erleben der eher tradierten religiösen Institutionen geprägt ist. Eine Vorstellung davon, ob und wie eine Beziehung zu Gott frei von institutionalisierter Religion aussehen könnte, dürfte kaum vorhanden sein.

Was bedeutet dies für den missionarischen Ansatz, Menschen mit der Entscheidung für Christus zugleich zu Mitgliedern einer institutionalisierten Kirche zu machen? Noch können sich viele Adventisten eine Trennung dieser beiden Aspekte nicht vorstellen. Sie ist auch nicht als Option in den Regularien der Freikirche vorgesehen. Offensichtlich stellt aber die Verschmelzung beider Aspekte für viele Menschen in der Gesellschaft ein Hindernis dafür dar, sich taufen zu lassen, weil damit zugleich die Mitgliedschaft in einer Kirche verbunden ist. Fragen, die sich daraus ergeben könnten, sind also folgende: Soll beziehungsweise kann dies so beibehalten werden? Wenn der Missionsauftrag lautet, Menschen für das Reich Gottes zu gewinnen, ist dies dann per se gleichbedeutend damit, sie in die Freikirche der Siebenten-Tags-Adventisten einzugliedern? Können und dürfen die sichtbare Kirche und die „unsichtbare", sprich die Gemeinschaft der Erlösten, die nur Gott kennt, ohne Weiteres gleichgesetzt werden? Welche Freiräume bieten sich der institutionalisierten Kirche in dieser Frage?

---

[11] Ebd., Folie 118.

Die Bedeutung religiöser Institutionen

In welchen Milieus ist die Bedeutung religiöser Institutionen besonders schwach ausgeprägt? Bei den Liberal-Intellektuellen und den Adaptiv-Pragmatischen ist dies am deutlichsten der Fall (siehe Abbildung 15). Sie stimmten der Aussage „Ich fühle mich als Christ/Moslem/Jude ... aber die Kirche/Religionsgemeinschaft bedeutet mir nicht viel" mit 24 beziehungsweise 20 Prozent zu.[12] Dieses Ergebnis deckt sich auch mit Gesprächen, die ich mit Menschen aus diesen Milieus in der Freikirche der Siebenten-Tags-Adventisten führte. Die Zugehörigkeit zur „richtigen" Kirche ist für sie weniger entscheidend als das Erleben einer geistlich stärkenden Gemeinschaft. So würden manche notfalls sogar auf einen Sabbatgottesdienst verzichten und in eine sonntaghaltende Gemeinde gehen, um ihr Bedürfnis nach aufbauender geistlicher Gemeinschaft zu stillen. Diese Haltung mag manchen erschüttern, aber sie ist ein Teil der Wirklichkeit, der Adventisten sich stellen müssen, wenn sie den Auftrag Jesu erfüllen wollen.[13]

Religiös – aber nicht im Rahmen einer bestimmten Religion?

Ein geringer Prozentsatz von durchschnittlich 3 Prozent der Befragten je Milieu gab an, sich zwar religiös zu fühlen, sich aber nicht konkret als Christ, Moslem, Jude und so weiter zu bezeichnen (siehe Abbildung 16). Unter diesen sind es vor allem die Sozialökologischen mit 6 Prozent sowie die Hedonisten, Prekären und Traditionellen mit jeweils 4 Prozent, die sich nicht den monotheistischen Religionen zuordnen.[14] Für diese Menschen ist eine direkte Ansprache mit christlichen Glaubensinhalten kaum anknüpfungsfähig. Ist es möglich, sich in seinem missionarischen Handeln so weit zurückzunehmen, dass nicht die Botschaft im

---

[12] Ebd., Folie 114.

[13] 1 Tim 2,4: „[Jesus] will, dass alle Menschen gerettet werden und sie zur Erkenntnis der Wahrheit kommen."

[14] Die aktuellen Sinus-Milieus® 2012, ebd., Folie 115.

Mittelpunkt steht, sondern der Mensch, zu dem Vertrauen aufgebaut werden soll? Kann man sich – ganz im Sinne von Paulus[15] – einem Buddhisten zum Buddhisten und einem Esoteriker zum Esoteriker machen? Ich meine damit nicht, sich auf eine unbiblische Glaubenspraxis einzulassen, denn Nachfolger Jesu sollen diese rettende Beziehung selbstverständlich nicht verlassen. Mir geht es vielmehr um eine neue Denkweise, sich so auf andere Formen der Religiosität beziehungsweise Spiritualität einzulassen, dass Brücken des Verstehens gebaut und kreative Wege gefunden werden bzw. der Heilige Geist zeigen kann, wie sich der Gott der Bibel als echte – im günstigsten Fall bessere – Alternative vermitteln lässt, um die gleichen spirituellen Bedürfnisse zu befriedigen. Die Herausforderung besteht darin, dem Verstehen des anderen mehr Raum zu geben als dem Bedürfnis, die eigenen Argumente loszuwerden.

Individuelles Ausleben religiöser Bedürfnisse

Erkenntnisreich sind die Ergebnisse zum Bedürfnis nach individuellem Ausleben von Spiritualität (siehe Abbildung 17). Deutlich über dem Durchschnitt von 7 Prozent liegen hier die Expeditiven mit 11 Prozent. Bei dem Milieu mit dem jüngsten Altersdurchschnitt wird Individualität in allen Bereichen, also auch im Bereich Religion, großgeschrieben. Aber auch bei Sozialökologischen und Hedonisten ist dieses Bedürfnis nach individueller Spiritualität mit 9 Prozent noch überdurchschnittlich. Interessant hierbei ist aber auch, dass in den Kernmilieus tradierter Glaubensstrukturen, also bei Traditionellen und Konservativ-Etablierten, der Wunsch nach individueller Religiosität mit jeweils 6 Prozent ebenfalls vorhanden ist.[16] Damit wird die Frage aufgeworfen, inwieweit Bestrebungen einer Kirche, Zusammenhalt durch Vereinheitlichung zu erzielen, eventuell kontraproduktiv sind. Wenn Menschen geistliche Heimat eher in einer

---

[15] Vgl. 1 Kor 9,19–22.
[16] Die aktuellen Sinus-Milieus® 2012, ebd., Folie 116.

religiösen Gruppe finden, in der ihr Bedürfnis nach individuellen Glaubensformen auf Wohlwollen stößt, dann ist es wesentlich, die eigene Identität weniger von gemeinsam festgelegten Strukturen und Formen abhängig zu machen als von der gemeinsamen Beziehung zu Jesus Christus. Jesus konnte selbst magisch anmutende Glaubensformen hinnehmen, wenn hinter ihnen aufrichtiger Glaube an ihn stand.[17] Es wird wohl deutlich schwerer sein, Menschen zu erreichen, die ihre Spiritualität bewusst außerhalb des christlichen Kontextes leben wollen. Aber der Umgang mit ihnen kann leichter werden, wenn trotz aller berechtigten Einwände gegenüber alternativen Formen der Spiritualität das Verständnis gesucht und nicht vorschnell geurteilt und abgewertet wird.

Unsicherheit in Bezug auf Glaubensfragen

Während in den Milieus mit jüngerem Altersdurchschnitt gerade die Individualität und Multioptionalität besonders geschätzt werden, gibt es doch auch eine Gruppe in diesen Milieus, die sich unsicher ist, was sie glauben soll (siehe Abbildung 18). Während der Durchschnitt bei 5 Prozent liegt, liegen die Expeditiven mit 9 Prozent deutlich darüber, gefolgt Performern und Hedonisten mit jeweils 7 Prozent sowie Sozialökologischen und Adaptiv-Pragmatischen mit jeweils 6 Prozent.[18] Es sind vermutlich gerade diese Menschen, die in klaren, mitunter starr wirkenden religiösen Strukturen und Formen die nötige Sicherheit finden, um ihre Spiritualität praktisch ausleben zu können. Wenn also bei traditionell geprägten religiösen Veranstaltungen auch junge Menschen zu finden sind, ist dies lediglich der Beleg dafür, dass es in dieser Altersgruppe Menschen mit diesem Bedürfnis gibt. Und es ist gut, wenn sie einen Rahmen finden, in dem sie Religion und Spiritualität entsprechend ihren Bedürfnissen ausleben können. Angesichts dieser 6 bis 9 Prozent würde allerdings die Schlussfol-

---

[17] Zum Beispiel die Heilung durch Berühren des Saumes von Jesu Gewand; vgl. Matthäus 9,20 (die Frau, die seit zwölf Jahren an Blutfluss litt) und Matthäus 14,36 (die Kranken in Genezareth).
[18] Die aktuellen Sinus-Milieus® 2012, ebd., Folie 117.

gerung an der Wirklichkeit vorbeigehen, dass traditionelle kirchliche Veranstaltungen ausreichten, da sie ja schließlich auch junge Menschen ansprechen. Die restlichen über 90 Prozent „ticken" eben anders und brauchen einen anderen religiösen Rahmen, um angesprochen zu werden.

„Ich brauche keine Religion"

Die letzte Frage zeigt am deutlichsten, wie ausgeprägt die Ablehnung gegenüber Religion in einigen Milieus ist (siehe Abbildung 20). In drei Milieus ist sie deutlich überproportional ausgeprägt. Prekäre lehnen Religion zu 50 Prozent ab, Hedonisten zu 45 Prozent und Expeditive zu 37 Prozent. Ebenfalls hoch, wenn auch mit knapp 30 Prozent entsprechend dem Durchschnitt, ist die Ablehnung von Religion in den Milieus der Adaptiv-Pragmatischen, der Liberal-Intellektuellen und der Sozialökologischen. In diesen Milieus ist bei allen Formen der Mission, die in irgendeiner Weise nach Religion „riechen", mit Ablehnung zu rechnen. Im harmlosesten Fall machen solche Menschen einen Bogen um religiöse Aktionen und Aktivitäten. Wenn sie aber aktiv angesprochen werden, können sie im ungünstigsten Fall auch deutliche Abwehr zeigen. Der missionseifrige traditionelle Christ ist dann oft enttäuscht und meist auch in seiner Meinung bestärkt, dass die böse Welt nichts von Gott wissen will. Der Angesprochene, der mit Religion nichts zu tun haben möchte, ist wiederum in seiner Position bestärkt, dass aktive Christen aufdringliche Menschen sind, die andere nicht in Ruhe lassen können.

Natürlich gibt es in allen Milieus eine Vielzahl an Menschen, die tatsächlich nichts mit Gott zu tun haben wollen. Das sollte nicht außer Acht gelassen werden. Doch zu häufig wird Ablehnung gegenüber Religion an sich oder der Art und Weise, wie Glauben traditionell in religiösen Formen gelebt wird, als Ablehnung von Gott gedeutet. Tatsächlich ist es aber zunächst nur die Ablehnung von Religion oder bestimmter Formen von Religion. Manche Menschen sind viel offener für den Glauben an Gott als für institutionalisierte Religion. Diese beiden Aspekte müssen getrennt werden, um missionarisch Zugang zu bisher nicht oder nur schwer erreichbaren Milieus zu finden.

Sinus-Milieu®-Studie der katholischen Kirche

Die katholische Kirche in Deutschland führte bereits zweimal Untersuchungen mithilfe des Sinus-Milieu®-Modells durch (2005 und 2011). Als erstes Ergebnis steht fest, dass Menschen aus allen Milieus zur katholischen Kirche gehören. Der zweite Blick verrät, dass deren Anteil im Vergleich zur Gesamtbevölkerung sehr unterschiedlich ausgeprägt ist (siehe Abbildung 21).[19]

Die katholische Kirche in Deutschland ist in den beiden traditionell geprägten Milieus (Traditionelle und Konservativ-Etablierte) deutlich überrepräsentiert. Diese beiden Milieus haben im Vergleich den höchsten Altersdurchschnitt. Deutlich unterrepräsentiert ist die katholische Kirche in Deutschland dagegen im prekären und expeditiven Milieu.

Naturgemäß fühlen sich Menschen aus traditionell geprägten Milieus am wohlsten in der katholischen Kirche mit ihren festen Strukturen. Sie erleben Kirche als Quelle der Kraft, als Sinngeber sowie als Heimat.

Eine typische Aussage aus dem konservativ-etablierten Milieu:

> Mein Glaube gibt mir Kraft und Sinn für das Leben, wobei Glauben ja keine wissenschaftlich beweisbare Tatsache ist. Aber es gibt Dinge, die muss ich gar nicht in diesem strengen wissenschaftlichen Sinn beweisen können, um sie mir doch durch meine Erfahrung als Glaubensgewissheit irgendwie klarzumachen. Und ich finde, das ist in Ordnung. Ich bin auch nicht dieser Hybris, dass ich als Mensch, als kleiner Mensch gerade vor Gott, dass ich alles wissen kann. Das haben die alten Philosophen in Griechenland schon gesagt: Ich weiß nur eines ganz gewiss, dass ich nichts weiß oder nicht alles weiß.[20]

---

[19] „MDG-Milieuhandbuch 2013: Religiöse und kirchliche Orientierungen in den Sinus-Milieus®", im Auftrag der MDG Medien-Dienstleistung GmbH, Heidelberg/München, Januar 2013.

[20] Ebd., Folie 85.

Eine typische Aussage aus dem traditionellen Milieu:

> Zuerst denke ich immer an diese Gemeinde, in der ich tätig bin.
> Das ist für mich einfach Heimat, da gehöre ich eigentlich seit 1964
> dazu. Ich habe viele Leute kennengelernt, auch Freunde da gefun-
> den. Wenn man so viele Jahre da Mitglied ist, die Kinder sind zur
> Kommunion gegangen, das ist wie Heimat. [...] Ich muss ehrlich
> sagen, ich selber habe eigentlich nur gute Erfahrungen. Ich habe
> nie Probleme gehabt.[21]

Wie steht es um die anderen Milieus, in denen die katholische
Kirche deutlich unterrepräsentiert ist?

Das expeditive Milieu ist das Milieu mit dem jüngsten Altersdurchschnitt (unter 30 Jahre). Für Expeditive ist Glaube ein „indi-
viduelles, persönliches Konzept, das mit bestehenden Religionen
und Kirchen erst einmal nichts zu tun hat. Viele sind in ihrem
Glauben auch häufig noch unsicher. Expeditive sind religiöse
Touristen."[22]

Typische Aussagen aus diesem Milieu sind folgende:

> Es gibt die einen, die sind eher so auf Kräuterhexen-mäßig unter-
> wegs, dann gibt es welche, die Akupunktur, Yoga, Ayurveda, also
> ganz unterschiedlich. Und ich finde alle Richtungen sehr span-
> nend, habe aber jetzt aber für mich, glaube ich, noch nicht so das
> gefunden, wo ich jetzt sagen würde, das ist jetzt meins. Aber ich fin-
> de das immer unheimlich spannend.[23]

> Ich habe für mich schon die Richtung gefunden: Die Grundwerte
> des Christentums, da glaube ich daran. Das, was die Priester oder
> der Papst sagen, das ist für mich alles Quark mit Soße, das ist etwas,
> das sie im Mittelalter erfunden haben, um den ungebildeten Men-
> schen eine Richtung zu geben, wie man sein Leben handzuhaben
> hat.[24]

---

[21] Ebd., Folie 357.
[22] Ebd., Folie 198.
[23] Ebd., Folie 199.
[24] Ebd., Folie 202.

Im prekären Milieu zeigen sich unter Katholiken zwei Muster: Zum einen gibt es diejenigen, die sich an ihren Glauben regelrecht klammern. Sie suchen Halt und Hoffnung und warten auf Unterstützung durch Gott. Zum anderen gibt es diejenigen, die sich aus Enttäuschung von der katholischen Kirche abwandten und damit häufig auch ihren Bezug zum Glauben und zu Gott verloren. Außerdem herrscht in diesem Milieu viel Aberglaube, und auch eine situative Hinwendung zu esoterischen Angeboten ist möglich.[25]

Zwei typische Aussagen dazu:

Ich suche etwas, dass das Problem, die Krankheit und das Leid irgendwann mal aufhört, dass es irgendwo hingeht und nicht mehr da ist, dass du von deinem Körper und diesen irdischen Sachen erlöst bist. Aber ich möchte dann irgendwie in einen lustigen Himmel kommen.[26]

Ich habe mir dann ein Buch gekauft „Wünsche ans Universum" und solche Dinge. Ich lese dann über so Dinge und mache im Internet in zwei so Sachen mit Kartenlegen und so herum. Das ist gerade so eine kleine Sucht von mir. Ja, das geht auch drei, vier Jahre schon. Und ich glaube da dann auch immer ganz fest daran, und es ist auch verblüffend, weil es wirklich so ist, das achtzig Prozent immer passiert.[27]

Es gibt in diesem Milieu viele, die die sozialen Angebote der katholischen Kirche gerne wahrnehmen, aber zur Institution keine Verbindung wollen. Kirche wird also lediglich dafür geschätzt, den konkreten Lebensalltag zu unterstützen beziehungsweise zu erleichtern.

---

[25] Ebd., Folie 387.
[26] Ebd., Folie 388.
[27] Ebd., Folie 391.

Sinus-Milieu®-Studie der evangelischen Kirche in Baden und Württemberg

Die beiden evangelischen Landeskirchen in Württemberg und Baden führten im Jahr 2012 eine gemeinsame Studie auf Grundlage der Sinus-Milieus® durch.[28] Diese Studie bildet ab, wie sich sowohl Mitglieder als auch Nichtmitglieder der evangelischen Kirche auf die verschiedenen Milieus verteilen (siehe Abbildung 22). Interessant und bezeichnend sind die Relationen zwischen den Prozentzahlen für die Kirchen (größer und schwarz) und denen für das Land Baden-Württemberg (kleiner und grau).[29]

Evangelische Christen in Baden-Württemberg sind in vier Sinus-Milieus® überrepräsentiert:

- 16 Prozent gehören dem konservativ-etablierten Milieu an (versus 11 Prozent in der Bevölkerung)
- 19 Prozent sind Angehörige des traditionellen Milieus (versus 17 Prozent in der Bevölkerung)
- 18 Prozent stammen aus der bürgerlichen Mitte (versus 13 Prozent in der Bevölkerung)
- 18 Prozent gehören dem sozialökologischen Milieu an (versus 8 Prozent in der Bevölkerung)

In den modernen Leitmilieus sind evangelische Christen annähernd durchschnittlich vertreten:

- 7 Prozent Liberal-Intellektuelle (versus 6 Prozent in der Bevölkerung)
- 5 Prozent Performer (versus 7 Prozent in der Bevölkerung)
- 5 Prozent Expeditive (versus 6 Prozent in der Bevölkerung)

Angehörige der modernen Mitte und der modernen Unterschicht sind deutlich unterrepräsentiert:

---

[28] Sinus-Studie „Evangelisch in Baden und Württemberg", Abschlussbericht im Auftrag der Evangelischen Landeskirche in Württemberg und der Evangelischen Landeskirche in Baden, Heidelberg, Januar 2013, Folie 33.
[29] Ebd., Folie 32.

- 4 Prozent Adaptiv-Pragmatische (versus 10 Prozent in der Bevölkerung)
- 7 Prozent Hedonisten (versus 14 Prozent in der Bevölkerung)
- 1 Prozent Prekäre (versus 8 Prozent in der Bevölkerung)[30]

Damit haben evangelische Kirchenmitglieder in Baden und Württemberg ebenfalls ihren Schwerpunkt bei den traditionelleren Milieus, wie es sich auch bei der katholischen Kirche zeigt. Sie sind aber in vier der zehn Milieus überdurchschnittlich vertreten. Besonders auffällig ist der Anteil der Sozialökologischen unter den evangelischen Kirchenmitgliedern. Trotzdem ist auch hier eine Milieuverengung sichtbar, sprich die evangelische Kirche ist in einigen Milieus verstärkt vertreten, in anderen dagegen kaum.

Die evangelische Landeskirche in Württemberg geht auf Basis demografischer Hochrechnungen von teils umwälzenden Entwicklungen in der Gesamtbevölkerung in ihrem Einzugsgebiet aus (siehe Abbildung 23). Die Kernmilieus sind aufgrund dieser Hochrechnung von einem deutlichen Rückgang gekennzeichnet. Dramatische Rückgänge werden bei den Traditionellen erwartet, leichte Rückgänge bei den Konservativ-Etablierten und der bürgerlichen Mitte sowie gleichbleibende Werte bei den Sozialökologischen. Wie sich diese Rückgänge bei den Kernmilieus der evangelischen Kirche in Württemberg auf das kirchliche Leben auswirken werden, bleibt abzuwarten. Dies dürfte sowohl die finanzielle Basis als auch die ehrenamtliche Mitarbeit in den Gemeinden betreffen. Ob das kirchliche Leben in der gewohnten Form aufrechterhalten werden kann, darf infrage gestellt werden.

Erkenntnisse aus den Milieustudien der großen Kirchen

Die Milieustudien der beiden großen Kirchen in Deutschland liefern also einige wichtige Erkenntnisse:

---

[30] Ebd., Folie 31.

Sowohl die katholische Kirche als auch die evangelische Kirche in Baden und Württemberg haben einen deutlichen Schwerpunkt in den traditionelleren Milieus.

Die Kernmilieus beider Kirchen sind zugleich die mit einem höheren beziehungsweise dem höchsten Altersdurchschnitt.

Bedingt durch den demografischen Wandel ist derzeit damit zu rechnen, dass das kirchliche Leben in der gewohnten Form immer weniger aufrechterhalten werden kann.

Will Kirche zukunftsorientiert handeln, muss sie nach Wegen suchen, bisher weniger oder nicht erreichte Milieus anzusprechen. Dies erfordert vermutlich einen (erheblichen) Strukturwandel der Kirche.

Dabei wird zu lernen sein, zwischen der Ablehnung von Religion und der Ablehnung einer Gottesbeziehung zu unterscheiden. Beides kann und wird bei manchen Menschen zusammentreffen. Bei einer noch nicht näher bestimmbaren Gruppe ist aber Offenheit für eine Gottesbeziehung möglich, während Religion im Rahmen institutionalisierter Kirche abgelehnt wird.

Der Nutzen des Sinus-Milieu®-Konzepts im kirchlichen Kontext

Wie sieht also der konkrete Nutzwert des Sinus-Milieu®-Konzepts im Rahmen von Kirche, Religion und Glaube aus?

Der Blick auf die eigene Milieuprägung wird geschärft. Damit verbunden ist die Erkenntnis, dass die kirchliche „Normalität" nicht allgemeingültig ist, sondern nur für Menschen gilt, die gleich oder mindestens ähnlich gesinnt sind wie man selbst.

Kircheninterne Spannungen können dank des Konzepts besser verstanden werden. Wenn „unterschiedlich normale" Frömmigkeitsstile aufeinandertreffen, kommt es oft zu mehr oder weniger heftigen Abwehrreaktionen. Man könnte zugespitzt formulieren, dass man auf „Ekelschranken"[31] trifft. Solche Reaktionen sorgen häufig für starke emotionale Verletzungen und Störungen

---

[31] Heinzpeter Hempelmann, *Gott im Milieu*, S. 21.

im Miteinander. Dies wirkt sich umso gravierender aus, wenn es nicht nur innerhalb der Organisation, sondern sogar in der Ortsgemeinde zu ausgrenzenden Verhaltensweisen kommt.

Das Konzept kann den Blick und das Verständnis für jene Gruppe weiten, die Paulus mit dem Begriff „alle" zusammenfasste (1 Kor 9,22) und denen wir heute gegenüberstehen. Auch in den anderen Milieus herrscht eine Normalität, die es zu verstehen gilt. Denn in seiner individuellen Normalität betrachtet wirkt der Andersartige gar nicht mehr so fremd.

Es kann dazu dienen, den „blinden" Fleck auszugleichen, der sich durch unsere mentale und kulturelle (Milieu-)Befangenheit ergibt. Diese Befangenheit ist an sich weder gut noch schlecht. Es gibt sie eben. Sie zu ignorieren hilft uns nicht, sie zu erkennen. Sie kann uns sogar gewaltig herausfordern. Es ist gut möglich, dass wir bestimmte Milieus ähnlich wahrnehmen wie Petrus vor seiner Vision zu Joppe, eben als „unrein" (vgl. Apg 10).

Es kann die missionarische Fokussierung unterstützen: Wie sehen die Lebenswelten derer aus, die wir so gut wie gar nicht mit der christlichen Botschaft erreichen? Da sie nicht dieselben Fragen stellen, auf die wir schon die Antworten haben, sind wir herausgefordert, ihre Fragen kennenzulernen, auf die wir wiederum Antworten suchen, finden und oft wohl auch von Gott erbeten müssen.

Das Konzept kann helfen, Gemeinde zu bauen, die die Bedürfnisse der Menschen auch tatsächlich trifft. Denn geht nicht so sehr darum, Menschen so lange verändern zu wollen, bis sie zum Gemeindemilieu passen, sondern darum, Gemeinde in ihrer Lebenswelt zu bauen und die weitere Entwicklung im Prozess Heiligung dem Wirken des Heiligen Geistes zu überlassen.

Mit den Sinus-Milieus® kann man die Lebenswelten der Menschen „von innen heraus" verstehen, gleichsam in sie „eintauchen". Dank ihnen versteht man, was die Menschen bewegt und wie sie bewegt werden können.

5

Adventistische Lebenswelten und die Sinus-Milieus® – erste Trends

Welchen Dialekt spricht der Glaube?

Dass es durchaus möglich ist, sich im Rahmen der Kirche und in Bezug auf Glauben dem einen, im alltäglichen Leben aber einem ganz anderen Milieu zugehörig zu fühlen, erwähnte ich bereits. Wie sich solche „integrierten Verhaltensmuster" ganz praktisch anfühlen und auswirken, wurde mir vor etlichen Jahren einmal deutlich bewusst.

Ich war mit einem Kommilitonen auf der Heimfahrt von einer Studienfreizeit in der Schweiz. Auf der Autobahn in Richtung deutscher Grenze fiel uns ein deutscher Motorradfahrer auf, der bedenklich schwankte. Wir waren sehr besorgt und überlegten, wie wir ihn und andere Verkehrsteilnehmer vor Schaden bewahren könnten. Also fingen wir an zu beten. Als der Motorradfahrer auf einen Rastplatz fuhr, folgten wir ihm. Der Mann kam aus dem Landkreis Waiblingen (Baden-Württemberg), wie mir sein Motorradkennzeichen verriet. Er stieg von seinem Motorrad ab; wir stiegen aus dem Auto und sprachen ihn an. Da mir der schwäbische Dialekt gut vertraut war, kamen wir auf Schwäbisch ins Gespräch. Wir erkundigten uns nach seinem Befinden und er berichtete uns, dass er am Abend zuvor in Spanien losgefahren und seitdem fast nonstop unterwegs gewesen sei. Er war sehr müde und war in den vergangenen Minuten mehrfach auf dem Motorrad fast eingeschlafen – deshalb die Schlingerfahrt. Nun wollte er eine kurze Pause machen und dann den Rest nach Hause fahren. Er zog eine Salami aus seinem Gepäck und bot uns ein Stück an. Wir lehnten dankend ab – mit der Begründung, dass wir kein Schweinefleisch äßen, was ihn stutzig machte. Er erkundigte sich nach dem Grund dafür, und so kamen wir nach einigen Wortwechseln dahin, dass wir zwei Theologiestudenten auf der Heimreise waren. Woher wir denn gerade kämen, fragte er. Wir erzählten ihm, dass wir in den vergangenen Tagen auf einer Studienfreizeit gewesen seien. Er fragte, worum es dort gegangen sei. Während ich ihm davon berichtete, kam plötzlich eine ganz unerwartete Frage von ihm: „Warum sprichst du plötzlich Hochdeutsch und nicht mehr Schwäbisch?" Schlagartig wurde mir bewusst, dass ich tatsächlich ins Hochdeutsche gewechselt hatte, als ich begonnen hatte, von der Studienfreizeit zu erzählen. Ich hatte wohl das Empfinden, es sei unangemessen, von Glaubensdingen im Dialekt zu reden. Aber der entscheidende Punkt war: Ich hatte es nicht bemerkt – mein Zuhörer dagegen sehr wohl!

Diese Begebenheit prägte sich mir tief ein. Sie ist für mich bis heute ein persönliches Schlüsselerlebnis dafür, wie sehr wir die Trennung von religiösem und alltäglichem Leben verinnerlicht haben können, ohne dass es uns bewusst ist. Aber unser Gegenüber bemerkt es, weil es diese zwei getrennten Welten als Beobachter von außen deutlich wahrnimmt. Doch auch wir selbst nehmen diese Trennung manchmal deutlich wahr. Ich lernte im Laufe meiner jetzt fast dreißig Dienstjahre als Pastor viele Kirchengemeinden in verschiedenen Regionen Deutschlands kennen. Und in vielen, ja, fast allen Gemeinden war die Sehnsucht nach Wachstum vorhanden. Oft kam ich bei den Planungen mit den Gemeinden an den Punkt, an dem einige Mitglieder sagten: „Von meinen Freunden außerhalb der Kirche kann ich doch keinen mit hierherbringen. Die können damit doch gar nichts anfangen." Dabei war das Thema meist, wie wir Menschen dazu bringen können, unseren Gottesdienst zu besuchen. Gemeindeglieder an fast allen Orten spürten auf die eine oder andere Weise, dass es zwischen unserer Gemeindekultur und den Lebenswelten ihrer Freunde eine zu große Kluft gab, um sie direkt zum Gottesdienst einzuladen.

Das Aufeinandertreffen unterschiedlicher Milieus in der Gemeindepraxis

So machte ich als junger Pastor einmal folgende Erfahrung: Der vorige Pastor konnte noch kurz vor seiner Versetzung eine junge Familie (Eltern und Tochter) taufen. Die Taufe kam in meinem Rückblick durch die starke Beziehung zustande, die er zu der Familie aufgebaut hatte. Nicht einmal ein Jahr später war die ganze Familie wieder ausgetreten. Auf meine Nachfrage, was der Grund dafür sei, erfuhr ich, dass sie in der Gemeinde nie heimisch geworden war. Vieles, was sie dort erlebte hatte, sei für sie zu befremdlich geblieben. Wie traurig ... und die Gemeinde schien angesichts dessen kaum betroffen zu sein. Das erstaunte, ja, erschreckte mich am meisten. Doch damals konnte ich diese Wahrnehmung noch nicht recht einordnen.

Ein weiteres Erlebnis hierzu: Ich lernte einmal eine neue Gemeinde kennen, in der sich eine Gruppe jüngerer Gemeindeglieder (Anfang bis Mitte 30) schon seit längerer Zeit einen zeitgemäßeren Gottesdienst wünschte. Das betraf sowohl den Ablauf als auch das verwendete Liedgut. Der zuständige Pastor hatte das Ziel, die Gemeinde davor zu bewahren, an dieser Situation auseinanderzubrechen. So hatte er mit hohem Engagement zwischen den Bewahrern und den Erneuerern vermittelt. Das Ergebnis war ein Kompromiss für den Ablauf des Gottesdienstes, in dem den Bedürfnissen beider Seiten Rechnung getragen werden sollte. Ich erlebte nun, nachdem ich diese Ortsgemeinde als Pastor übernommen hatte, aber eine Gemeinde, in der zwei unglückliche Gruppen am Gottesdienst teilnahmen. Die jüngere Gruppe empfand den Kompromiss nicht als geglückten Entwurf eines zeitgemäßen Gottesdienstes, so wie sie ihn sich vorgestellt hatte. Die traditionell ausgerichteten Gemeindeglieder wiederum hatten zu viel von ihrem vertrauten Ablauf verloren. So war die Gemeinde zunächst vor einem Auseinanderbrechen bewahrt worden, aber das Ergebnis „schmeckte" keinem so richtig. Für beide Seiten war mit dem Kompromiss zu viel Verlust verbunden.

(Für wen) ist unser Gottesdienst attraktiv?

Der christliche Gottesdienst zeigt die Milieuverengung der (Frei-) Kirche auf, wie wohl kaum ein anderes Element des kirchlichen Lebens. An unseren Gottesdienst können in der Regel nur Menschen andocken, die sich in dem Milieu, in dem sich unser kirchliches Leben abspielt, ausreichend heimisch fühlen oder sich darauf einlassen können. Der Gottesdienst, wie wir ihn üblicherweise durchführen, ist ja auch nicht biblisch begründet, sondern er ist die adventistische Variante kirchengeschichtlich gewachsener Strukturen. Trotzdem wurde er in vielen Gemeinden zu einem identitätsstiftenden Element. Sobald an irgendeinem Teilbereich Veränderungen vorgenommen werden sollen, steht die Identität der Gemeinde auf dem Spiel – ganz gleich, ob es die Angst ist, sich beim Gebrauch modernen christlichen Liedguts zu sehr charismatischen Gemeinden anzunähern, oder die Frage, zuerst die Predigt und dann das Bibelgespräch durchzuführen; ob es der Zeitpunkt des Gottesdienstes ist (vormittags oder nachmittags) oder der Gebrauch der „richtigen" Studienanleitung – ich könnte noch manche Beispiele aufführen, die (meist unbewusst) als Angriff auf die Identität einer Ortsgemeinde wahrgenommen werden. Dabei ist es oft nur *eine* Gruppe innerhalb der Gemeinde, die diese spezifische Identität in sich trägt und verteidigt. Weitere Gemeindemitglieder, die sich mit anderen Strukturen, Abläufen und Inhalten des Gottesdienstes stärker identifizieren würden, bekommen oft kein Gehör. Entweder sie kämpfen um ihre Bedürfnisse – oder sie resignieren. Wenn sie kämpfen, können sie gewinnen, leider oft um den Preis, dass sich nun die andere Gruppe zurückzieht oder wiederum gegen die aktuelle Situation kämpft. Wenn sie sich nicht durchsetzen können, gehen sie entweder in die Resignation und gliedern sich in ein Gemeindegefüge ein, in dem sie sich nicht wirklich wohlfühlen. Oder sie ziehen sich zurück beziehungsweise gehen ganz. Dabei ist meine Beobachtung, dass diejenigen, die sich in der Gemeinde durch die sozialen Kontakte ausreichend oder gut eingebunden fühlen, ihre Resignation dadurch einigermaßen kompensieren können. Wenn die soziale Einbettung zu schwach ist, gehen sie. Angesichts dieser Erfahrung wird mir wieder bewusst, wie sehr der Glaube an Gott von Beziehungen abhängt und wie nachrangig von der Lehre. Das bedeutet nun keinesfalls, dass ein biblisch gesundes Lehrverständnis unwichtig ist. Aber es baut nicht Gemeinde. Gemeinde ist ein Konstrukt aus Beziehungen.[1] Beziehungen sind es, die Gemeinde bauen, erhalten und festigen.[2] Meiner Erfahrung nach ist es aber eben genau der Bau von Beziehungen, der in unseren Gemeinden oft vernachlässigt wird. Es sind unter anderem die in Kapitel 2 erwähnten „Ekelschranken" zwischen den gesellschaftlichen Milieus, die in unseren Gemeinden zu Beziehungsabbrüchen und -verweigerung führen. Daran zeigt sich, dass auch in unseren Gemeinden dieselben Beziehungsdynamiken zu finden sind wie in der uns umgebenden Gesellschaft.

Stichproben zur Milieuverteilung innerhalb der Adventgemeinde

Die folgenden stichprobenhaften Erhebungen zu den Sinus-Milieus® in unseren Gemeinden machen genau diese Spannungen sichtbar. Diese Erhebungen wurden von mir in Seminaren, Workshops und Wochenendveranstaltungen durchgeführt und haben bis dato keinen repräsentativen Charakter. Für ein repräsentatives Ergebnis wäre eine umfassendere Untersuchung unter einer entsprechend ausgewählten Vergleichsgruppe nötig. Trotzdem bin ich davon überzeugt, dass diese Stichproben eine erste Annäherung ermöglichen, die uns zu denken geben kann und einen ersten Trend erkennen lässt.

---

[1] „Lebendige Steine", siehe 1 Ptr 2,5.
[2] Der Leib, der sich in Liebe aufbaut und festigt, vgl. Eph 4,15–16.

Für die Stichproben händigte ich den Teilnehmern die Kurz-
charakteristik der zehn Sinus-Milieus® aus und stellte jeweils zwei
Aufgaben: Erstens sollten sie anhand der Kurzbeschreibungen
einschätzen, welches Milieu die Grundstimmung in ihren Gemeinden beschreibt. Zweitens sollten sie sich selbst einschätzen
und bestimmen, welchem Milieu sie sich am nächsten fühlen.

Erste Erhebung

Im Rahmen eines Workshops auf einer Pastorentagung der nie-
dersächsischen Vereinigung im April 2014 führte ich die erste
Stichprobe durch (siehe Abbildung 24). Es nahmen acht Kollegen daran teil. Als das Ergebnis der Einschätzung an der Pinn-
wand sichtbar wurde, griff sich einer der Kollegen an den Kopf
und meinte: „Jetzt verstehe ich, warum mir die Arbeit oft so an-
strengend vorkommt." Die Mehrheit der teilnehmenden Pastoren
ist offenbar ziemlich weit entfernt von ihren Gemeinden, was das
jeweilige „Heimat"-Milieu angeht. Etwas zugespitzt formuliert
kann man sagen, dass diese Pastoren milieumäßig „im Ausland"
arbeiten. Ständig in einer Lebens- und Wertewelt zu arbeiten,
die nicht der eigenen entspricht, erfordert einen erhöhten Kraft-
aufwand. Eventuell ist auch hier ein Aspekt zu sehen, der in der
Burn-out-Thematik bei Pastoren berücksichtigt werden muss.
Was passiert mit Pastoren, die sich dauerhaft auf eine Lebens-
und Wertewelt einlassen (müssen), die nicht ihrer eigenen Normalität entspricht? Beide, Gemeinde und Pastor, müssen mit
einer latenten ständigen Enttäuschung ihrer Erwartungen leben.
Diese ist manchmal nur ganz schwach ausgeprägt, manchmal
auch sehr stark. Während sich leichte Enttäuschungen mit positiven Erlebnissen wieder ausgleichen lassen, ist das bei starken Enttäuschungen oft nicht möglich. Wenn die unterschiedlichen Normalitäten von Gemeinde und Pastor eine zu kleine,
schlimmstenfalls keine Schnittmenge haben, kommt es mitunter
zu verhärteten Fronten, die ein freudiges, beziehungsstärkendes
Miteinander unmöglich machen.

Zweite Erhebung

Eine weitere Möglichkeit, das Thema vorzustellen, bot sich mir beim 3. Adventistischen Führungskongress im September 2015 (siehe Abbildung 25). Dieser Workshop wurde vor allem von solchen Kongressteilnehmern besucht, die sich für die Thematik offen zeigten und mehrheitlich aus Gemeinden kamen, die wenig traditionalistisch waren. Deshalb ergibt sich ein ziemlich durchmischtes Bild zwischen Gemeinden und Pastoren beziehungsweise Gemeindegliedern, die zu den Teilnehmern des Workshops gehörten. Ich erinnere mich noch an die Worte eines Pastorenkollegen, der kurz vor seiner Pensionierung stand: „Wenn ich das alles nur schon vor dreißig Jahren gehört hätte!" Ich war damals etwas erstaunt über die vier Gemeinden, die ziemlich weit rechts auf der Grafik eingeschätzt wurden. Auf Nachfrage erfuhr ich, dass es sich bei allen vier Gemeinden um Neugründungen handelte, die nicht älter als zwei Jahre waren. Das legt unter anderem die Schlussfolgerung nahe, dass wir sehr viel mehr neue Gemeinden brauchen, wenn wir neue Milieus mit dem Evangelium erreichen wollen. Sie bieten den Freiraum und die Offenheit, das Leben mit Gott so zu gestalten, dass es Menschen zugänglich wird, die im traditionellen Rahmen keinen Zugang dazu finden. Dabei ist es mir wichtig zu wiederholen, dass jedes Milieu mit der dazu passenden Art und Weise, Glauben zu leben, seine Berechtigung hat. Es zeigt sich nur immer wieder, dass die jeweilige Art für die Gleichgesinnten anziehend ist, während sie für anders Gesinnte befremdlich oder gar abstoßend ist. Und ob es anziehend oder abstoßend ist, wie Glaube gelebt wird, hängt zunächst nicht vom Evangelium ab, sondern davon, wie dieses im Glaubensalltag in Abhängigkeit von der jeweiligen Lebens- und Wertewelt gelebt wird. Interessant war bei dieser Erhebung auch, dass ein Teilnehmer sich an der Grenze vom adaptiv-pragmatischen zum hedonistischen Milieu einordnete. Rein optisch – von Aussehen und Kleidung her – wäre er in jeder traditionellen Adventgemeinde fehl am Platz. Und doch ist für ihn Adventgemeinde der soziale und spirituelle Raum, dem er sich zuordnet. Auch er braucht Gemeinde als Ort der Zugehörigkeit.

Dritte Erhebung

Bei den Praktikantenabschlusslehrgängen der jungen Pastorinnen und Pastoren hatte ich in den Jahren 2015 bis 2017 jeweils die Gelegenheit, über das Thema der Sinus-Milieus® zu referieren (siehe Abbildungen 26, 27 und 28). Dabei ließ ich jeweils die gleiche Einschätzung wie oben beschrieben durchführen. Eine kleine Veränderung gab es im Jahr 2017, als die Teilnehmer nicht nur die eine Gemeinde, in der sie hauptsächlich gearbeitet hatten, einschätzen sollten, sondern alle Gemeinden, die sie im Laufe des Praktikumsjahres kennengelernt hatten. Deshalb sind in der dazugehörigen Grafik mehr Gemeinden als Pastorinnen und Pastoren zu finden.

Die Tendenz aller drei Grafiken weist aber in dieselbe Richtung: Die jungen Pastorinnen und Pastoren erleben sich milieumäßig eher weit von den etablierten Gemeinden entfernt. Die im Durchschnitt zumeist älteren Gemeinden finden sich in den Milieus wieder, die diesem Alter auch in der Milieuverteilung der Gesellschaft entsprechen, also eher im linken Bereich der Grafik. Die jungen Pastorinnen und Pastoren erkennen sich ihrem Alter entsprechend in den Milieus wieder, die eher im rechten Bereich der Grafik zu finden sind. Insofern sind sowohl die Gemeinden als auch die jungen Pastorinnen und Pastoren in den Milieus zutreffend verortet. Damit wird aber auch das Dilemma sichtbar, in das wir als Kirche immer mehr hineingeraten. Die Normalitäten der Lebens- und Wertewelten zwischen bestehenden Gemeinden und neuen Pastorengenerationen weichen immer weiter voneinander ab. Ich bin überzeugt, dass dieser Aspekt auch schon vor vielen Jahren ein wesentlicher Grund dafür war, dass manche jungen Kollegen (auch aus meiner Generation) nach wenigen Jahren den Dienst als Pastor aufgaben. Gespräche mit solchen ehemaligen Kollegen bestätigen mir diese Einschätzung.

Die Fragen, die damit aufgeworfen werden, sind: Wie werden wir in Zukunft den Missionsauftrag Jesu ausführen? Wie werden wir Menschen begegnen und auf sie milieulogisch zugehen? Wird es uns gelingen, neue Räume (Gemeinden) zu schaffen, in denen sie auf ihre Weise Nachfolge Jesu leben können? Oder werden wir weiterhin versuchen, nur die Menschen zu finden, die sich in unsere traditionellen Gemeinden integrieren lassen? Auch diese traditionellen Menschen gilt es zu erreichen, aber eben nicht nur sie!

Vierte Erhebung

Anfang 2017 entstand im Rahmen eines Gemeindewochenendes zum Thema Sinus-Milieus® eine weitere „Kartoffelgrafik" (siehe Abbildung 29). Das Interessante daran ist, dass es keine ausgewählte Teilnehmerschaft war, die etwa nur aus Pastoren bestand, sondern alle Mitglieder dieser Ortsgemeinde waren. Auch wenn nicht 100 Prozent aller Gemeindeglieder beteiligt waren und eher diejenigen am Wochenende teilnahmen, die Interesse und Offenheit für das Thema hatten, ist das Ergebnis der Einschätzung sehr aufschlussreich. Mit einer Ausnahme (der grüne Punkt im adaptiv-pragmatischen Milieu) stehen sich alle anderen ziemlich nahe im Erleben ihrer Gemeinde. Sie sind dabei stark verortet in drei Milieus: im traditionellen, im konservativ-etablierten und in der bürgerlichen Mitte. Dabei gehören fast zwei Drittel (11) der Gemeindeglieder eigentlich ganz anderen Milieus an. Die inneren Spannungen, die sich dadurch in dieser Gemeinde ergeben, wurden in etlichen Diskussionsbeiträgen an diesem Wochenende deutlich. Ein vordergründig nettes, freundliches und höfliches Miteinander, um das alle in ehrlicher christlicher Haltung bemüht sind, wird immer wieder von diesen tieferliegenden Spannungen herausgefordert. Ob es mangelndes Verständnis für die unterschiedlichen Erwartungen und Bedürfnisse ist oder die schwach bis gar nicht entwickelte Bereitschaft, die gewohnten Denk- und Verhaltensmuster zu verlassen: Es kostet alle Beteiligten viel Kraft. Diese Gemeindesituation dürfte für viele Ortsgemeinden im deutschsprachigen Raum stellvertretend stehen. Die inneren Reibungsverluste zermürben. Das zeigt sich zum Beispiel im rückläufigen Besuch von Gemeindevollversammlungen (früher Gemeindestunden genannt). Oft entluden sich diese Spannungen in entsprechend angespannten Diskussionen bei solchen Versammlungen. Allzu oft kam es dabei auch zu gegenseitigen Verletzungen, wenn die Wahl der Worte oder ausgesprochene Unterstellungen zur gegenseitigen Herabwürdigung führten. Die harmoniebedürftigen Gemüter beschlossen, sich diese für sie unerträglichen Versammlungen nicht mehr anzutun. In der Folge trifft in etlichen Gemeinden schließlich eine Minderheit von Gemeindemitgliedern Entscheidungen, die dann für alle gelten. Und das ist selbstverständlich meistens nicht hilfreich.

Eine weitere Folge ist die sinkende Beteiligung am Bibelgespräch. Da so manches dieser Gespräche mitunter mit harten Argumenten geführt wurde und wird, in dem nur gilt, was schon immer galt oder was der Gesprächsleiter beziehungsweise einzelne Gesprächsteilnehmer gelten lassen, zogen sich etliche daraus zurück. In vielen Gemeinden ist die Predigt deutlich besser besucht als das Bibelgespräch. Und das hat seinen Grund nicht nur darin, dass manche morgens länger schlafen wollen. Wenn mehr herzliche und geisterfüllte Gemeinschaft in unseren Gemeinden herrschen würde und wir liebe- und verständnisvoll mit den Unterschiedlichkeiten umgehen und darüber reden würden, hätten wir meiner Meinung nach eine größere Beteiligung.

Fazit der Erhebungen

Drei weitere „Kartoffelgrafiken" fassen die Ergebnisse dieser Stichproben zusammen – die Verteilung der Gemeinden (siehe Abbildung 30), die der Teilnehmer (Abbildung 31) und schließlich beide zusammen (Abbildung 32). Ein Balkendiagramm macht die Milieuverteilung innerhalb unserer Freikirche noch deutlicher (siehe Abbildung 33). Ich möchte die Aufmerksamkeit in dieser Grafik auf drei Milieus richten; zuerst auf das traditionelle Milieu und die bürgerliche Mitte. Es ist klar erkennbar, dass die

Gemeinde in diesen beiden Milieus signifikant überproportional verortet ist. Dagegen sind die Gemeindemitglieder in beiden Milieus im Vergleich zu den meisten anderen Milieus eher durchschnittlich vertreten. Das bedeutet: Einer Lebens- und Wertewelt in den Gemeinden, die in diesen beiden Milieus besonders stark vertreten sind, stehen relativ wenige Gemeindemitglieder in den gleichen Milieus gegenüber.

Den Gegensatz bildet das adaptiv-pragmatische Milieu. Hier steht einem signifikant hohen Anteil von Gemeindegliedern eine sehr geringe Anzahl an Gemeinden gegenüber, die dieses Milieu abbilden. Wo werden diese Gemeindemitglieder auf Dauer ihre geistliche Heimat finden? Wie sollen sie mit Begeisterung einer Gemeinde neue Menschen zuführen, um das Reich Gottes zu bauen, wenn sie sich selbst darin nicht wohlfühlen?

Nebenbei sei erwähnt, dass wir sowohl das hedonistische als auch das prekäre Milieu als Gemeinden quasi gar nicht erreichen.

Angesichts dieser Verteilung lässt sich auch ein Vergleich mit den Untersuchungen im vorigen Kapitel anstellen. Die Ergebnisse dieser nicht repräsentativen Stichproben haben eine starke Ähnlichkeit mit denen der katholischen Kirche in Deutschland. Unabhängig von Lehre und Bibelverständnis ist es anscheinend so, dass die Art und Weise, wie in den Adventgemeinden der Glaube an Gott und die Nachfolge Jesu zumeist gelebt werden, die gleichen (wenigen) Milieus erreicht wie die katholische Kirche. Ob sich dieser Trend bei einer repräsentativen Untersuchung bestätigt, bleibt an dieser Stelle offen.

Junge Milieus und Kirchenengagement

Wie eben schon angesprochen lässt sich ein überproportionaler Anteil der Gemeindeglieder dem adaptiv-pragmatischen Milieu zuordnen. Dies hat mitunter starke Auswirkungen auf verschiedene Bereiche, die die Ortsgemeinde betreffen. Als herausragend sehe ich hier das bereits behandelte Thema der Mission sowie die Aspekte Ehrenamt und Spendenverhalten.

Ehrenamt

„In den jungen Milieus (Adaptiv-Pragmatische, Hedonisten, Expeditive) konkurriert ehrenamtliches Engagement stark mit beruflichen und familiären Verpflichtungen sowie mit den vielfältigen Freizeitinteressen. Enge Zeitbudgets sind grundsätzlich ein limitierender Faktor für längerfristige, verbindliche Engagements; in den jungen Milieus wird deshalb punktuelle Projektmitarbeit bevorzugt."[3] Das Milieu der Adaptiv-Pragmatischen gehört zu denen mit der geringsten Bereitschaft zum freiwilligen Engagement. Ehrenamtliches Engagement wird nur so weit praktiziert, wie es in der knappen Freizeit möglich ist. Am liebsten dann, wenn es um Tätigkeiten geht, die einem ein gutes Gefühl vermitteln. Dabei wird Einsatz für sozial Benachteiligte eher vermieden. Gute Motive für ehrenamtliche Tätigkeiten sind: Freizeitausgleich zum Beruf, soziale Integration im Ort.[4] Auch familiäre Tradition oder die Gelegenheit, etwas mit Freunden gemeinsam zu tun, kann die Bereitschaft zu ehrenamtlichem Engagement begünstigen.[5] Manchmal kann man den Vertretern dieser Milieus ein „Bevor es gar niemand macht" entringen. Echte Begeisterung ist hiermit allerdings nicht verbunden.

Was diese Haltung begünstigt, ist die Selbstverständlichkeit, mit der ehrenamtliches Engagement oft hingenommen wird. Da die meisten in diesem Milieu damit beschäftigt sind, sich beruflich zu etablieren und eine Familie zu gründen, werden alle anderen Erwartungen nachrangig behandelt.

Wer sich bei diesen Ausführungen an die Arbeit in Nominierungsausschüssen erinnert, hat jetzt vielleicht einen Aspekt kennengelernt, der diese Arbeit so schwer macht. Unsere übliche Praxis, ehrenamtliche Leitungsaufgaben und Dienste in der Ortsgemeinde für zwei Jahre festzulegen, steht dem Bedürf-

---

[3] MDG-Milieuhandbuch 2013: Religiöse und kirchliche Orientierungen in den Sinus-Milieus®, S. 42.
[4] Ebd., S. 44.
[5] Ebd., S. 290.

nis nach Flexibilität und projektgebundenem Einsatz entgegen. Falls diese Altersgruppe (im Durchschnitt 36 Jahre, die meisten unter 40 Jahre) in einer Gemeinde noch vorhanden ist, dann wird ihre Mitarbeit entscheidend davon abhängen, inwieweit die örtliche Gemeinde in der Lage ist, die Bedürfnisse dieses Milieus zu respektieren und konstruktiv in die Aufgaben und Dienste der Gemeinde einzubinden. Langfristige Planung und Festlegung sind damit oft schwierig. Das ist für traditionell orientierte Gemeindemitglieder häufig schwer nachzuvollziehen, da für sie ehrenamtliches Engagement eine selbstverständliche Bürgerpflicht ist. Für diese unterschiedliche Prioritätensetzung und Verfügbarkeit müssen vor Ort individuelle Lösungen gefunden werden. Sonst kann es schnell passieren, dass die älteren (traditionellen) enttäuscht und verärgert, ja, im schlimmsten Fall sogar verbittert darüber sind, dass die „jungen" Leute keine Verantwortung übernehmen und ihnen alles aufladen. Umgekehrt können die jungen (adaptiv-pragmatischen) den Eindruck haben, dass die älteren alles an sich reißen und ihnen gar keine Chance geben, sich zu beteiligen. In einem intergenerationalen Gefüge wie der Gemeinde ist es unerlässlich, auf ein gegenseitiges Verständnis hinzuarbeiten und nach gemeinsamen Lösungen zu suchen.[6] Wo das nicht geschieht, entstehen Parallelstrukturen oder gar offene Konflikte.

Spendenverhalten

Das Spendenverhalten ist für uns als Kirche von entscheidender Bedeutung, da sowohl die Ortsgemeinde als auch die überregionalen Verwaltungsebenen davon unterhalten werden. Für die überregionalen Kirchenstrukturen und die Bezahlung der Pastoren beziehungsweise Verwaltungsangestellten im kirchlichen

---

[6] Vgl. zu den unterschiedlichen Wertewelten innerhalb der Kirche auch William Johnsson, *Ist das noch meine Kirche?*, Lüneburg 2017, S. 30–32. Der Autor beschreibt insbesondere die Einstellungen der Millennials/ der Generation Y (geboren etwa zwischen 1980 und 1999), die er am Beispiel der Haltung zum Thema Frauenordination verdeutlicht.

Dienst geschieht dies durch den Zehnten. Wir erwarten zwar von jedem getauften Gemeindemitglied den Zehnten als Ausdruck der Verbindlichkeit seiner Treue zu Gott. Doch sehen wir andererseits das Zehntengeben als eine freiwillige Handlung: „Jedes Gemeindeglied wird ermutigt, gewissenhaft den Zehnten [...] zu geben."[7] Darüber hinaus sind es die freiwilligen Gaben, die zur Finanzierung der Gemeindehäuser und der Aktivitäten vor Ort benötigt werden.

Auch um den finanziellen Bereich steht es durch die vorherrschende Milieustruktur in unseren Gemeinden derzeit kritisch. „Wenn sich nicht in größerem Ausmaß junge Menschen unseren Gemeinden anschließen, wird in den nächsten zehn bis zwanzig Jahren der Mitgliederrückgang durch Überalterung dramatisch sein", stellte Wolfgang Gunka, ehemaliger Schatzmeister des Süddeutschen Verbandes, fest.[8] Dadurch werde die Organisationsstruktur in Deutschland schwer infrage gestellt.

Dieses Zitat ist schon dreizehn Jahre alt. Ohne dass das Konzept der Sinus-Milieus® damals konkret vor Augen stand, deckt sich die Aussage mit den jüngsten Forschungsergebnissen. Bezeichnenderweise war es der Leiter der Finanzverwaltung, der auf dieses Problem hinwies.

Auch international deuten die Prognosen auf ein ähnliches Szenario hin. William Johnsson wies jüngst auf folgende Herausforderung hin: „Insbesondere der Anteil der Millennials [vgl. Fußnote 6] in unseren Reihen praktiziert ein Geberverhalten, das sich radikal von dem ihrer Vorgänger unterscheidet. Misstrauisch jeglichen Organisationen gegenüber, meiden sie Verbindlichkeiten."[9]

Tatsächlich besteht die Möglichkeit – um nicht zu sagen: die Gefahr –, dass wir aufgrund der finanziellen Entwicklung unse-

---

[7]   Intereuropäische Division der Freikirche der Siebenten-Tags-Adventisten (Hg.), *Gemeindeordnung*, Lüneburg 2012, S. 171.

[8]   Bericht zur „Jahressitzung der Gemeinschaft in Deutschland" in *Advent-Echo*, Februar 2005, S. 34.

[9]   Johnsson, S. 94.

rer Freikirche bis an den Punkt kommen, an dem die strukturelle Existenz unserer Kirche infrage gestellt ist. Unsere Verwaltungsstruktur, unsere Institutionen und die fest angestellten Mitarbeiter verursachen Monat für Monat hohe Kosten. Die zuverlässigsten Zehntenzahler kommen oft aus dem Segment der Generation 60+. Diese Generation nimmt aber beständig ab. Es ist diese Generation, die mehrheitlich dem traditionellen Milieu angehört, das vielfach die Atmosphäre in den Gemeinden prägt und bestimmt.

Es ist üblich, dass jedes Milieu Gemeinde so gestalten möchte, dass es sich darin wohlfühlt und die eigene Lebenswelt abgebildet sieht. Dabei wird Geld bewusst oder unbewusst immer wieder als Machtmittel eingesetzt, um die eigenen Ziele und Vorstellungen zu verwirklichen. Daraus kann folgen, dass Geldmittel zurückgehalten oder umgeleitet werden, wenn in der Ortsgemeinde oder in übergeordneten kirchlichen Strukturen Dinge sich nicht so entwickeln, wie es den milieutypischen Vorstellungen entspricht (Beispiele: Gottesdienstablauf, Musik im Gottesdienst, Gestaltung von Gemeindefesten, Art und Durchführung missionarischer Projekte, Gründung suspekter Gemeindetypen, das Drucken von Literatur, Beschlüsse der Ausschüsse oder Delegiertentagungen). So entstanden in den vergangenen zwanzig Jahren sehr eigenartige Geldflüsse, die die Verwaltungsebenen unserer Kirche Mal um Mal beschäftigen.

Dies waren nur zwei kurz angerissene Bereiche, die von entscheidender Bedeutung für das gegenwärtige System Kirche sind. Sie dürften bereits erkennen lassen, vor welchen gravierenden Veränderungen Adventisten in der Zukunft stehen werden, die jetzt noch nicht im Detail absehbar sind. Auch angesichts dieser Herausforderungen kann ein besseres Verständnis der unterschiedlichen Lebens- und Wertewelten beziehungsweise Milieus aufschlussreich und wegweisend sein.

6

Viele Milieus – ein Fundament

Milieugrenzen und das Reich Gottes

Wie die Kartoffelgrafiken der Sinus-Milieus® verdeutlichen, gibt es zwischen den Milieus Überlappungen und fließende Übergänge. Dennoch grenzen sie sich voneinander ab, und nicht benachbarte Milieus sind sogar Gegensatzpaare. Was auf die Gesellschaft zutrifft, ist auch für die Kirche Realität. Das Alte Testament betont sogar ausdrücklich, Grenzen „nicht zu verrücken".[1] So wie es natürliche Grenzen, beispielsweise Flüsse oder Gebirge gibt, existieren auch kulturelle Grenzen, die zu respektieren sind.

Häufig empfinden wir das, was außerhalb unseres bekannten Spektrums liegt, nicht nur befremdlich, sondern nehmen es sogar als uns feindlich gesinnt wahr. Das mag in manchen Fällen auch zutreffen, jedoch wahrlich nicht in allen. Gleiches gilt auch für die christliche Wertewelt, die wir durch bestimmte Wertvorstellungen und Verhaltensweisen bedroht sehen. Es gibt Milieus,

---

[1] Die Grenzen zum Nachbarn sind nach dem mosaischen Gesetz sogar ausdrücklich zu respektieren: „Du sollst deines Nächsten Grenze, die die Vorfahren festgesetzt haben, nicht verrücken in deinem Erbteil, das du erbst, im Lande, das dir der HERR, dein Gott, gibt, es einzunehmen." (5 Mo 19,14) „Verflucht sei, wer seines Nächsten Grenze verrückt!" (5 Mo 27,17) Auch wenn es hier konkret um Grundstücke geht, lässt sich das Prinzip übertragen.

die mit klassischen christlichen Werten besser vereinbar sind als andere. Und es gibt Milieus, deren Werte denen des christlichen Lebens offen widersprechen. Dennoch „endet" das Reich Gottes nicht an diesen existierenden Milieugrenzen. Nicht wir ziehen die Grenzen des Reiches Gottes. Jesus machte gegenüber Pilatus, der sein Reich gefährdet sah, deutlich: „Mein Reich ist nicht von dieser Welt." (Joh 18,36)

Was aber tun wir dort, wo wir die christlichen oder unsere eigenen Wertvorstellungen verletzt sehen? Greifen wir wie Petrus zum Schwert und ziehen in den „heiligen Krieg" (vgl. Joh 18,10)?

Jesus machte in seiner Bergpredigt die Feindesliebe zum höchsten Gradmesser echter Spiritualität: „Liebt eure Feinde, und betet für die, die euch verfolgen, damit ihr Söhne eures Vaters seid, der in den Himmeln ist!" (Mt 5,44–45 EB) Damit ist der Christ zu einem vierfachen Liebesgebot aufgerufen; er soll *Gott* und seinen *Nächsten* (Milieuangehörige) wie *sich selbst* lieben und darüber hinaus auch seine *Feinde*. Die Nachfolger Christi sollen sich gerade nicht damit begnügen, sich nur mit ihresgleichen auseinanderzusetzen: „Denn wenn ihr liebt, die euch lieben, welchen Lohn habt ihr? Tun nicht auch die Zöllner dasselbe? Und wenn ihr allein eure Brüder [Milieus] grüßt, was tut ihr Besonderes? Tun nicht auch die von den Nationen [andere Milieus] dasselbe?" (V. 46–47 EB) Dietrich Bonhoeffer nennt den Feind in seinem Buch *Nachfolge* „das Außerordentliche" und macht damit deutlich, dass der Feind die eigene Normalität bedroht. Er steht außerhalb der eigenen Ordnung. Doch „je feindlicher der Feind ist, desto mehr [erfordert] er meine Liebe [...]. Sei es der politische, sei es der religiöse Feind, er hat von dem Nachfolger Jesu nichts zu erwarten als ungeteilte Liebe."[2] Diese Liebe soll „segnen, wohltun, beten, ohne Bedingung, ohne Ansehen der Person"[3]. Jesus beschließt das erweiterte Liebesgebot (siehe Kapitel 1) mit dem Appell: „Darum sollt ihr vollkommen sein, wie euer himmlischer Vater vollkommen ist." (V. 48)

---

[2] Dietrich Bonhoeffer, *Nachfolge*, Gütersloh 2005, S. 142.
[3] Ebd.

Für manche Menschen fallen die Grenzen des Reiches Gottes allerdings mit persönlichen Vorlieben und Geschmäckern zusammen, es endet daher häufig an den jeweiligen Milieugrenzen. Die Bibel scheint uns einige Hinweise darauf zu geben, dass sich bestimmte Milieus dem Reich Gottes eher verschließen als andere,[4] doch hat andererseits kein Milieu „die Wahrheit für sich gepachtet". Im Gegenteil, wenn ein Milieu „keine Frucht" mehr bringt, das heißt, wenn Menschen dem Auftrag Gottes, allen Völkern *Schalom* zu bringen, nicht mehr nachkommen, kann ihnen das Reich Gottes sogar entzogen werden: „Darum sage ich euch: Das Reich Gottes wird von euch genommen und einem Volk gegeben werden, das seine Früchte bringt." (Mt 21,43) Insofern sind wir als Gläubige stets aufgerufen, unseren eigenen Standpunkt zu reflektieren und zu überprüfen. Deckt sich unsere Motivation noch mit dem roten Faden, den Paulus im Philipperbrief so schön zusammenfasste? „Alle in eurer Umgebung sollen zu spüren bekommen, wie freundlich und gütig ihr seid. Der Herr kommt bald!" (Phil 4,5 GNB)

Kulturkämpfe in der Gemeinde

Bereits in den ersten Christengemeinden gab es Parteiungen und Spaltungen, gegen die sich Paulus vehement zur Wehr setzen musste, was das Beispiel der Gemeinde in Korinth zeigt: „Ich ermahne euch aber, Brüder und Schwestern, im Namen unseres Herrn Jesus Christus, dass ihr alle mit einer Stimme redet; und lasst keine Spaltungen unter euch sein, sondern haltet aneinander fest in einem Sinn und in einer Meinung." (1 Kor 1,10) Ob diese Spaltungen „milieubedingt" waren, muss an dieser Stelle offenbleiben, doch das Prinzip lässt sich auch auf Unterschiedlichkeiten der Werte und Lebenswelten übertragen. Die Mittelpunkte der „Milieus" in Korinth hießen: Paulus, Apollos, Kephas und Christus. Paulus führt diese Differenzen mit seiner Frage „Wie? Ist Christus etwa zerteilt? Wurde denn Paulus für euch

---

[4] Ausdrücklich werden beispielsweise die „Reichen" (vgl. Mt 19,24) sowie die „Zöllner und Huren" (vgl. Mt 21,31) genannt.

gekreuzigt? Oder seid ihr auf den Namen des Paulus getauft?"
(V. 13) ad absurdum. Damit ist bereits angedeutet, was weiter
unten noch ausführlicher behandelt wird: *Christus steht jenseits
aller Milieus.* Der in Christus Getaufte kennt diese Unterschei-
dungen laut Bibel nicht mehr: „Hier ist nicht Jude noch Grieche,
hier ist nicht Sklave noch Freier, hier ist nicht Mann noch Frau;
denn ihr seid allesamt einer in Christus Jesus." (Gal 3,28) Das
heißt keinesfalls, dass diese Kategorien aufhören zu existieren
(!), sie verblassen jedoch hinter der übergeordneten christlichen
Identität einer Menschheitsfamilie[5]. Sie sind nur noch relative
Grenzen.

In der Gemeinde Korinth gab es „Ekelschranken" (vgl. Kapitel 1).
Diese sehr menschlichen Denk- und Verhaltensmuster machen
auch vor der Gemeinde Gottes nicht halt – damals wie heute. Die
völlig natürlichen Abgrenzungs- und Abwehrhaltungen zwischen
Angehörigen unterschiedlicher Milieus erleben wir heute genauso in unseren Adventgemeinden. Die Frage ist jedoch, ob sich
aus der gemeinsamen Christusbeziehung heraus ein Weg finden
lässt, unsere milieubedingten (Vor-)Urteile zu überwinden.

Eine Gemeinde, viele Baumaterialien

Das Neue Testament erwähnt unterschiedliche Symbole für die
Gemeinde. Vor allem die Bilder des „Leibes" (ein Leib, viele Glie-
der) und des „Hauses" (aus vielen Steinen zusammengesetzt)[6]
machen deutlich, dass die Gemeinde mehr als die Summe ihrer
Teile ist. Das Bild des geistlichen Baus greift Paulus auch für die
zerstrittene Gemeinde in Korinth auf und erinnert sie daran:
„Ihr seid [...] Gottes Bau." (1 Kor 3,9) Aus der heutigen Milieu-
perspektive kann man die Gemeinde in Korinth in ihrer inneren
Dynamik, in den Konflikten und Spannungen anders und besser verstehen. Neben einigen klaren Entgleisungen – gemessen
an Gottes Geboten – gab es starke Abwehrreaktionen zwischen

---

[5] Vgl. Gal 3,26: „Ihr seid alle durch den Glauben Gottes Kinder in Christus
Jesus."

[6] Vgl. 1 Kor 12,12 und 1 Ptr 2,5.

einzelnen Gruppen der Gemeinde. Diese beruhten mitunter auf ihrer unterschiedlichen Milieuverortung, was gleichzeitig verschiedene Frömmigkeitsstile zur Folge hatte. Damals wie heute gibt es Menschen in Kirchen und religiösen Gruppen, die in der Überzeugung leben, der Wille Gottes sei quasi identisch mit ihrer eigenen Lebenslogik.

Sehen wir uns das Zitat von Paulus im Zusammenhang an:

Nach Gottes Gnade, die mir gegeben ist, habe ich den Grund gelegt als ein weiser Baumeister; ein anderer baut darauf. Ein jeder aber sehe zu, wie er darauf baut. Einen andern Grund kann niemand legen außer dem, der gelegt ist, welcher ist Jesus Christus. Wenn aber jemand auf den Grund baut Gold, Silber, Edelsteine, Holz, Heu, Stroh, so wird das Werk eines jeden offenbar werden. Der Tag des Gerichts wird es ans Licht bringen; denn mit Feuer wird er sich offenbaren. Und von welcher Art eines jeden Werk ist, wird das Feuer erweisen. Wird jemandes Werk bleiben, das er darauf gebaut hat, so wird er Lohn empfangen. Wird aber jemandes Werk verbrennen, so wird er Schaden leiden; er selbst aber wird gerettet werden, doch so wie durchs Feuer hindurch. Wisst ihr nicht, dass ihr Gottes Tempel seid und der Geist Gottes in euch wohnt? Wenn jemand den Tempel Gottes zerstört, den wird Gott zerstören, denn der Tempel Gottes ist heilig – der seid ihr. (V. 10–17)

Paulus beschreibt, wie Gemeinde gebaut wird: mit völlig unterschiedlichen Materialien. Manche der „Baustoffe" scheinen gar nichts miteinander gemein zu haben. Wie lassen sich Gold, Silber und Edelsteine als Material gemeinsam mit Holz, Heu und Stroh verbauen? Liegt hier nicht bereits eine innere Wertung vor? Will nicht jeder aufrichtig glaubende Mensch nur die besten Materialien für sein Glaubenshaus verwenden, nämlich Gold, Silber und Edelsteine? Wer andere Verhaltensweisen an den Tag legt, andere Ansichten in Bezug auf Lebensstil, religiöse Glaubenspraxis, Musikauswahl und so weiter hat, als sie für einen Glaubensbruder oder eine Glaubensschwester richtig erscheinen, verwendet er dann nicht in dessen oder deren Augen Holz, Heu und Stroh, sprich minderwertiges Material? Hätte Paulus seine Gedanken nach der Aufzählung des Baumaterials und dem Hinweis auf das Feuer beendet, würde er bis heute zitiert werden, um dem anderen klarzumachen, wo er „minderwertigen" Glauben zeigt.

Der Apostel versuchte den Korinthern mit seinem Brief bewusst zu machen, dass es einen Zeitpunkt geben wird, an dem die Qualität des eigenen Beitrags zum geistlichen Gemeindebau offenbar werden wird: der „Tag, an dem Christus sein Urteil spricht" (V. 13 Hfa). Das Feuer des Gerichts wird alles Brennbare vernichten. Paulus lässt dabei offen, ob es hierbei unter Umständen nicht auch zu einer Umkehrung der Einschätzung kommen kann.[7] Was wäre, wenn der Beitrag und Einsatz des anderen für den Bau der Gemeinde – für das Reich Gottes –, den ich für Holz, Heu und Stroh erachte, dem Urteil Christi standhält?

Paulus bot den Korinthern folgende Lösung an: „Wird aber jemandes Werk verbrennen, so wird er Schaden leiden; er selbst aber wird gerettet werden, doch so wie durchs Feuer hindurch." (V. 15) Die Erlösung des Einzelnen wird von Paulus nicht infrage gestellt; auch derjenige mit einem anderen Milieuhintergrund baut auf demselben Grund, „welcher ist Jesus Christus" (V. 11). Mit dem Appell „Ein jeder aber sehe zu, wie er darauf baut" (V. 10) ruft Paulus auch zur Eigenverantwortung auf. Wir urteilen unterschiedlich und wir bauen das Reich Gottes unterschiedlich: „Und so unterschiedlich auch die Aufgaben in der Gemeinde sind, so ist es doch derselbe Herr, der uns dazu befähigt." (1 Kor 12,5 Hfa)

Das Urteil Christi unterscheidet sich fundamental vom Menschenurteil. In seiner Auseinandersetzung mit den Pharisäern, einem religiös etablierten Milieu, machte Jesus deutlich: „Ihr urteilt und verurteilt nach menschlichen Maßstäben; ich ver-

---

[7] Bereits Jesus erwähnte dieses „soteriologische Paradoxon": „So werden die Letzten die Ersten und die Ersten die Letzten sein." (Mt 20,16) Und auch Paulus weist in demselben Brief eingangs auf einen ähnlichen Umkehrschluss hin: „Sondern was töricht ist vor der Welt, das hat Gott erwählt, damit er die Weisen zuschanden mache; und was schwach ist vor der Welt, das hat Gott erwählt, damit er zuschanden mache, was stark ist; und was gering ist vor der Welt und was verachtet ist, das hat Gott erwählt, was nichts ist, damit er zunichtemache, was etwas ist, auf dass sich kein Mensch vor Gott rühme." (1 Kor 1,27–29)

urteile niemand." (Joh 8,15 GNB) Christus ist der Herr aller Milieus, er ist das Fundament, von dem Paulus sprach (vgl. 1 Kor 3,10 GNB). Die jeweiligen Methoden und Formen mögen unterschiedlich sein, über allen steht der eine Herr, „der ein Retter aller Menschen ist, besonders der Gläubigen" (1 Tim 4,10 EB). Es gibt also eine ganze Menge Gestaltungsfreiraum, *wie* dieses Reich gebaut werden soll. Eine Garantie hat niemand, dass allein seine Methoden zum erwünschten Ziel führen.

Paulus machte eine enorme innere Verwandlung durch. Von Saulus, einem hundertprozentigen Pharisäer, der „mit Drohen und Morden" (Apg 9,1) gegen die andersgläubigen Jünger Jesu vorging und alle Andersdenkenden systematisch „vernichten wollte" (vgl. Apg 9,21), zu Paulus, der „allen alles geworden [ist], damit [er] auf alle Weise etliche rette" (1 Kor 9,22). Er hatte seine pharisäische Vergangenheit hinter sich gelassen und damit die Haltung, dass es nur einen richtigen Weg gebe, nach dem Willen Gottes zu leben. Auf der definierten gemeinsamen Grundlage gibt es viele Möglichkeiten, Gemeinde zu bauen. Und dieser Ausgangspunkt war für Paulus unangefochten: „Einen andern Grund kann niemand legen außer dem, der gelegt ist, welcher ist Jesus Christus." (1 Kor 3,11)[8]

Das eine Fundament

Die persönliche Beziehung zu Jesus Christus ist unverzichtbar – das gilt für die Erlösung und das gilt für die Mission. Übertragen auf die „Milieulandschaft" bedeutet das auch, dass grundsätzlich kein Milieu vom Reich Gottes ausgeschlossen ist. Aus welchem Holz ein Milieu jeweils geschnitzt ist und was davon vor Gott letzten Endes Bestand hat, ist Gott vorbehalten zu beurteilen (vgl. Mt 7,21–23). Bis dahin gilt es, „zu pflanzen und zu begießen" (vgl. 1 Kor 3,8) – gemäß der eigenen Art sowie „milieusensibel".

Jesus war zu seiner Zeit auf der Erde in allen Milieus unterwegs. Ohne Scheu und Ekelschranken begegnete er allen Men-

---

8 Vgl. auch Jesu Gleichnis aus der Bergpredigt vom klugen Hausbau (Mt 7,24–27).

schen. In fast allen Milieus wurde er geschätzt und respektiert, manchmal auch gefürchtet. Von den einen, weil sie endlich einmal Wertschätzung erfuhren (zum Beispiel Frauen, Prostituierte, Kranke, Aussätzige). Von den anderen, weil sie bei aller Kritik an Jesu Umgang mit den „Ekelmilieus" nicht daran vorbeikamen, dass er ihnen auf Augenhöhe begegnete, ihnen ebenbürtig, ja sogar überlegen war. Jesus sah sicher, dass es in allen Milieus jeweils unterschiedliche Herausforderungen gab, die die Menschen bewältigen mussten, um Bürger des Reiches Gottes zu werden. Das ist heute nicht anders. So gibt es milieutypische Einstellungen und Haltungen, die im Widerspruch zu den Werten der Bibel stehen (können). Dies gilt aber für alle Lebensentwürfe in allen Milieus. Die eigenen Mängel an Übereinstimmung mit Gottes Werten und Prinzipien fallen uns nur deshalb nicht auf, weil sie Teil unserer „Normalität" geworden sind. Der andere, der anders „normal" ist als ich, fällt mir nur deshalb auf, weil ich die Abweichung von meiner „Normalität" im Vergleich wahrnehme. Aber die Tatsache, dass jedes einzelne Milieu vor seiner eigenen Herausforderung steht, eine Beziehung zu Christus zu finden und mit Leben zu füllen, sollte zu Mitgefühl, einer demütigen Haltung und der Einsicht führen, dass Jesus das Fundament für alle Menschen in jedem Milieu ist. Denn „Liebe eifert nicht [allein] für den eigenen Standpunkt" (1 Kor 13,4 GNB). So schreibt Paulus auch an Timotheus: Christus „will, dass alle Menschen gerettet werden und sie zur Erkenntnis der Wahrheit kommen" (1 Tim 2,4). Genau dies bringt eine weitere „Kartoffelgrafik" (siehe Abbildung 34) zum Ausdruck, die drei unterschiedliche Ebenen zeigt.

Die oberste Ebene bildet die gesellschaftliche Wirklichkeit mit ihren unterschiedlichen Milieus ab. So unterschiedlich, wie die Lebens- und Wertewelten sind, so deutlich sind auch die Abgrenzungen der Milieus voneinander, und nicht selten begegnen sich Vertreter der einzelnen Milieus mit einer starken Abwehrhaltung. Als Teil dieser Gesellschaft tragen wir unsere jeweilige „Normalität" selbstverständlich auch in unsere Ortsgemeinden hinein. Das ist in der Regel keinem bewusst – und so wundern sich die meisten über die unterschiedlichen Meinungen und Ansichten in Glaubensfragen und Glaubenspraxis.

Die mittlere Ebene ist gewissermaßen ein Schattenwurf der obersten Ebene. Es ist jener Schatten, den wir als Angehörige der verschiedenen Milieus werfen. In den Kapiteln 4 und 5 ging es um die Frage, in welchen Milieus Christen beziehungsweise Siebenten-Tags-Adventisten besonders stark oder schwach vertreten sind; und es wurde deutlich, dass wir im allgemeinen christlichen Kontext und im Speziellen in unserer Freikirche an vielen Stellen nur einen schwachen bis gar keinen Schatten werfen. Wird es uns in der Zukunft gelingen, Milieus, die bisher in unserer Freikirche kaum bis gar nicht vertreten sind, Raum zu geben für ihre jeweils eigene Art zu glauben und ihre individuellen Bedürfnisse, ihre Beziehung zu Christus auszuleben?

Auf der neuen Erde werden wir viele Menschen treffen, für die wir als Adventgemeinde in unserer jetzigen Gestalt niemals hilfreich gewesen wären, eine erlösende Beziehung zu Christus zu finden. Doch sie werden dort sein, weil Gott für sein Erlösungshandeln nicht von uns als Adventgemeinde abhängt. Oder wie der Liedermacher Manfred Siebald (1979) diesen Gedanken schön in Worte fasste:

Das wird ein Staunen geben, ein Köpfeverdrehn,
wenn wir nach diesem Leben vor Jesus stehn,
und wenn wir, voll Hoffnung und doch beklommen,
dann endlich zu sehn bekommen,
wer von ihm verstoßen wird, wer angenommen.
Da werden wir manche finden, die wären nicht mehr zu retten
und stürben in ihren Sünden, wenn wir zu richten hätten.
Doch Gott wird auf jene sehen, die seine Vergebung wollten,
und mancher wird zu ihm gehen, auch wenn ihm die Menschen grollten.

7

Gehet hin in alle Lebenswelten

Der Auftrag

Im Neuen Testament gibt es unterschiedliche Versionen des sogenannten Missionsauftrags. Die bekannteste ist sicher jene aus Matthäus 28,19–20:

> Darum geht nun zu allen Völkern der Welt und macht die Menschen zu meinen Jüngern und Jüngerinnen! Tauft sie im Namen des Vaters und des Sohnes und des Heiligen Geistes, und lehrt sie, alles zu befolgen, was ich euch aufgetragen habe. (GNB)

In manchen Übersetzungen wird die Aussendung der Jünger nicht ganz unproblematisch mit „Missionsbefehl"[1] betitelt. Andere Übersetzungen überschreiben den Abschnitt treffender mit „Auftrag des Auferstandenen"[2] beziehungsweise „Der große Auftrag"[3]. Jesus beauftragte vor seiner Himmelfahrt seine Jünger, nun selbst geistliche Mentoren zu werden, wie er es dreieinhalb Jahre lang für sie gewesen war. Sie sollten nun ihrerseits Menschen in die Nachfolge Christi rufen und sie zu Jüngern machen (das heißt, sie praktisch in der Lehre Christi unterweisen). Der erste wesent-

---

[1] Lutherbibel 2017 und Elberfelder Bibel.
[2] Einheitsübersetzung und Zürcher Bibel.
[3] Neues Leben. Die Bibel.

liche Schritt dazu, diesen Auftrag Jesu zu erfüllen, war ihre „Bereitschaft zur Verkündigung des Evangeliums des Friedens", wie es Paulus ausdrückte (Eph 6,15 EB). An diese Bereitschaft appelliert auch das „Geht nun hin" (Mt 28,19 EB), ein göttlicher Appell, der bereits eine lange Tradition vorweist. Das erste „Mache dich auf" richtete Gott an Abraham mit der Verheißung, dass er ihm das Land geben werde, auf dem Abraham stand (vgl. 1 Mo 13,14–17 EB). Nach Abraham empfingen viele andere Boten Gottes den Ruf, sich aufzumachen: Lot[4], Jakob[5], Mose[6], Josua[7], Elia[8], Jeremia[9], Hesekiel[10] und Jona[11]. Der Prophet Jesaja malte mit ebendiesen Worten sogar ein Panorama der kommenden Herrlichkeit Gottes auf der Erde:

> Mache dich auf, werde licht; denn dein Licht kommt, und die Herrlichkeit des HERRN geht auf über dir! Denn siehe, Finsternis bedeckt das Erdreich und Dunkel die Völker; aber über dir geht auf der HERR, und seine Herrlichkeit erscheint über dir. Und die Völker werden zu deinem Lichte ziehen und die Könige zum Glanz, der über dir aufgeht. Hebe deine Augen auf und sieh umher: Diese alle sind versammelt, kommen zu dir. (Jes 60,1–4)

Vor der Offenbarung der Herrlichkeit Gottes steht also das „Mache dich auf". Ähnlich ist es im Markusevangelium, wo Jesus zu seinen Jüngern sprach: „Gehet hin in alle Welt und predigt das Evangelium aller Kreatur" (Mk 16,15), und ihnen danach die Zeichen und Wunder der Glaubenden in Aussicht stellte, die ihnen nachfolgen würden (vgl. V. 17–18).

Dieses „Mache dich auf" hat in den oben genannten Beispielen immer einen konkreten zeitgeschichtlichen, kulturellen oder

---

[4] Vgl. 1 Mo 19,15 (EB).
[5] Vgl. 1 Mo 27,43; 31,13; 35,1 (EB).
[6] Vgl. 5 Mo 9,12 (EB).
[7] Vgl. Jos 1,2 (EB).
[8] Vgl. 1 Kön 17,9; 21,15.18; 2 Kön 1,3 (EB).
[9] Vgl. Jer 18,2 (EB).
[10] Vgl. Hes 3,11.22 (EB).
[11] Vgl. Jona 1,2; 3,2 (EB).

auch zwischenmenschlichen Bezug. Das ist heute nicht anders. Wer „sich aufmacht", kann es immer nur von dem Ort aus tun, an dem er sich befindet, und aus der Zeit heraus, in der er lebt. Auch wenn der Auftrag „Geht nun hin" universell für alle Nachfolger Jesu zu allen Zeiten gilt, so gleicht kein einziger Weg dem anderen. In Anlehnung an das Wort des griechischen Philosophen Heraklit ließe sich sagen: *Man kann nicht zweimal denselben Weg zum Menschen gehen.*[12] Eine echte Begegnung ist immer ein einzigartiges und höchstpersönliches Geschehen. Wie bereits in Kapitel 1 gezeigt, geht es in dem großen Auftrag im Prinzip genau darum: um ein Beziehungsgeschehen. Gehet hin, werdet nahbar, werdet Menschen, lasst euch auf eine Beziehung ein!

Dort, wo das „Mache dich auf und werde licht" allerdings ein „Igle dich ein und mache dicht" wird, kann aber selbst der Auferstandene vor verschlossenen Türen stehen. Jesus tritt bekanntlich keine Türen ein, sondern kommt nur bei offener Tür herein (vgl. Offb 3,20).

„Mache dich auf" bedeutet also auch „mache auf", öffne die Tür und bleib offen für Gottes Führung. Vielleicht wiederholt sich im Kleinen, was Petrus im Großen erlebte: Eine Menschengruppe, die er mit vielen anderen Gläubigen nur als „Gemeines und Unreines" kannte, wurde nun ein besonderer Teil von Gottes Heilsplan (vgl. Apg 10,14). Petrus machte dieser unerwartete Paradigmenwechsel[13] ratlos und nachdenklich (vgl. V. 17 und 19). Schließlich gab ihm der Heilige Geist den Auftrag: „Steh auf, steig hinab und geh mit ihnen und zweifle nicht, denn ich habe sie gesandt." (V. 20) Könnte so etwas Ähnliches heute passieren? Passiert es vielleicht schon und wir haben es gar nicht bemerkt? Petrus musste vom Dach hinabsteigen – von welchem hohen

---

[12] Heraklit (ca. 520–460 v. Chr.) wird das berühmte „Man kann nicht zweimal in denselben Fluss steigen" zugeschrieben. Die als *panta rhei* (dt. „alles fließt", „alles ist im Fluss") zusammengefasste Erkenntnis besagt, dass das Leben dynamisch ist und sich alles immerfort verändert, beispielsweise die jeweilige Situation, die Umgebung, der Mensch selbst und so weiter.

[13] Vgl. V. 15: „Was Gott rein gemacht hat, das nenne du nicht unrein."

Ross müssen wir absteigen? Können wir uns zum Wohle anderer Menschen auf unvorhergesehene Situationen einlassen, durch die uns der Heilige Geist führen möchte? Hegen wir dieselben Zweifel wie Petrus, ob das überhaupt von Gott gewollt sein kann?

Mache dich auf!

Wer sich aufmacht, begibt sich auf eine Reise. Der Reisende ist auf (fremde) Hilfe und (fremdes) Verständnis angewiesen, er kontrolliert das Geschehen nicht mehr, wie etwa zu Hause, wo er alle Regeln kennt. Er weiß sich bei alledem in erster Linie – wie ein Pilgernder – von Gott abhängig.

Wer sich aufmacht, der macht auf. Er öffnet sich einerseits dafür, sich von Gott als Botschafter seiner Liebe gebrauchen zu lassen, um anderen so zum Segen zu werden. Andererseits signalisiert er die Bereitschaft und Offenheit, sich auf neue Begegnungen einzulassen. Er öffnet die „Tür des Glaubens" (vgl. Apg 14,27) für andere.

Wer sich aufmacht, der lässt sich nicht aufhalten. Er hat ein Ziel, eine Mission, von dem beziehungsweise der er sich nicht abbringen lässt. Mögen ihm noch so viele Widrigkeiten unterwegs begegnen, er bleibt seinem Ziel treu. Er hält sich nicht mit Belanglosigkeiten, Streitereien oder anderen Dingen auf, die ihn vom Kurs abbringen, er muss weiter.

Wer sich aufmacht, weiß, woher er kommt. Wer jemals einen längeren Auslandsaufenthalt erlebt hat, der weiß, dass sich erst in der Fremde die eigene kulturelle Prägung und Wertewelt zu erkennen gibt. Der Reisende lernt seine wahre Identität kennen und schätzen – mit all ihren Licht- und Schattenseiten.

Wer sich aufmacht, wächst über sich hinaus. Anstatt sich davor zu fürchten, die eigene Identität zu verlieren, erkennt derjenige, der sich aufmacht, dass er durch jede neue Begegnung bereichert wird. Er lernt gerade an dieser Grenze etwas Neues über Gott, die Welt, seinen Nächsten und sich selbst. Er wächst und lernt so, „allen alles zu werden".

Wer sich aufmacht, wird licht. Das Ziel dieser Begegnungen auf Augenhöhe im Sinne Gottes ist es, unser Gegenüber durch dieses *Du* zu segnen. In dem wir Du sagen, werden wir zu Botschaftern Gottes, dem „ewigen Du" (Martin Buber), und seiner *Schalom*-Botschaft: Gottes ewiges Ja zum Menschen. Gott sehnt sich nach dem Menschen und ist bereit, alles zu tun, um wieder mit ihm vereint zu sein, denn „er ist nicht ferne von einem jeden unter uns" (Apg 17,27). Wie Johannes der Täufer sollen wir zeugen von jenem wahren Licht der Welt, „das alle Menschen erleuchtet" (Joh 1,9).

Präsent sein

Auch wenn wir die unterschiedlichen Lebenswelten und Milieus, die uns umgeben oder denen wir uns zugehörig fühlen, versuchen zu verstehen, ist es unerlässlich, *hinzugehen*. Es reicht nicht aus, dass wir als Adventisten per Internet und Satellit die Botschaft in die Ecken und Winkel der Erde ausstrahlen. Technologie kann ein Segen und ein willkommenes Hilfsmittel bei der Verkündigung des Evangeliums sein, aber sie ersetzt niemals die persönliche Beziehung. Das zeigt nicht zuletzt die Schwierigkeit, Menschen, die über Internet, Fernsehen oder Radio auf die Adventgemeinde aufmerksam geworden sind, in einer Ortsgemeinde echten Anschluss zu bieten. Für die Aufgabe, Menschen für Christus zu gewinnen, ist der persönliche Kontakt nach wie vor unverzichtbar – und er wird es immer bleiben.

Das Wo der Mission

Wenn „der große Auftrag" das Was und das „Geht nun hin" das Wie beschreiben, also die Haltung der Bereitschaft und Offenheit, dann stehen „die Völker" für das Wo der Mission.

Bei Matthäus sind es „alle Völker" (Mt 28,19; vgl. 24,14), bei Markus ist es „alle Welt" (Mk 16,15), bei Lukas ist es von Jerusalem ausgehend „das Ende der Erde" (Apg 1,8) und in der Offenbarung des Johannes wird das ewige Evangelium „allen Nationen und Stämmen und Sprachen und Völkern" verkündet (Offb 14,6). Mit anderen Worten: Gottes Botschaft der Erlösung kennt keine Landesgrenzen, sie macht vor keiner Kultur halt, „trennt nicht nach Farben", meidet kein Milieu und gilt zu allen Zeiten für alle Menschen.

Die Vereinten Nationen registrieren aktuell 193 eigenständige Staaten.[14] Je nach Definition gibt es rund 27.000 ethnische Gruppen auf dieser Erde.[15] Und es werden zwischen 6.000 und 7.100 unterscheidbare Sprachen unter den über 7,6 Milliarden Menschen auf der Welt gezählt.[16]

Wir brauchen – übertragen gesprochen – also mindestens 6.000 Arten und Weisen, über Gott zu reden, den Erlösungsplan zu vermitteln und damit den Kern des Glaubens an die Enden der Welt zu tragen. Es reicht nicht aus, dorthin zu gehen und lediglich auf *unsere* Weise über das Evangelium und die Erlösung zu sprechen. Wir müssen die Botschaft von der Art und Weise lösen, wie wir üblicherweise über Gott und Glaube reden, und eine Art der Vermittlung finden, die unser Gegenüber versteht.

Manche Kulturen sind stärker individuell (Ich-orientiert) geprägt, andere stärker kollektiv (Wir-orientiert). Unsicherheit wird in manchen Kulturen sehr stark vermieden, andere gehen damit entspannter um. In der einen Kultur herrscht eher serielles Handeln vor (eine Sache nach der anderen tun), in der anderen paralleles (mehrere Dinge gleichzeitig tun). In der einen Kultur wird eher versucht, für alles allgemeingültige Regeln aufzustellen, in der anderen berücksichtigt man mehr die speziellen Um-

---

[14] Vgl. www.un.org/en/member-states/index.html (letzter Zugriff: 13.9.2018).
[15] Vgl. legacy.joshuaproject.net/assets/articles/how-many-people-groups-are-there-german.pdf (letzter Zugriff: 11.9.2018).
[16] Vgl. u. a. www.linguisticsociety.org/content/how-many-languages-are-there-world und www.ethnologue.com/guides/how-many-languages (letzter Zugriff: 13.9.2018).

stände und die Verpflichtungen, die sich aus der menschlichen Beziehung ergeben. In der einen Kultur gilt es als angemessen, bei öffentlichen oder geschäftlichen Begegnungen emotional neutral zu bleiben, in anderen ist es gerade die offen gezeigte Emotionalität, die als wünschenswert angesehen wird. In einigen Kulturen wird klar zwischen Arbeit und Privatleben getrennt, in anderen fließen beide Bereiche völlig natürlich ineinander. Die Liste an Unterscheidungskriterien ließe sich schier endlos verlängern. Doch diese wenigen Aspekte zeigen schon auf, warum aufgrund starker kultureller Unterschiede nicht jedes Konzept, das in der einen Kultur wunderbare Erfolge zeigt, automatisch auch in einer zweiten Kultur mit ganz anderen Ausprägungen „funktioniert".

Damit nicht genug. Alle Länder dieser Erde beziehungsweise alle Kulturen sind in weitere Milieus untergliedert. Das gilt nicht nur in der westlichen Welt, wie die Studie zu den Meta-Milieus zeigt. [17] Mission als erfolgreiche Übermittlung lebendiger Glaubensinhalte ist ein äußerst komplexes Geschehen. Kein Wunder, dass die Bibel immer wieder auf die „Übersetzungsgabe" des Heiligen Geistes hinweist. [18]

Es geht zunächst darum, Anknüpfungspunkte zu finden und sich auf Augenhöhe zu begegnen. Für den Kommunikationsprozess in der Mission gilt es neben der Sprache auch, die verschiedenen milieutypischen Denkmuster kennenzulernen. Wir alle hegen Glaubenssätze über uns selbst, die anderen und die Welt an sich. Es sind kulturelle Filter, durch die wir uns und unsere Umgebung wahrnehmen. *Wie darf ich über mich, andere und Gott reden? Wie nicht?* Diese verinnerlichten Überzeugungen leiten unser Reden und Hören.

Überdies ist die Art und Weise, wie Menschen miteinander reden, verschieden. Wir benutzen diverse Kommunikationskanäle (direktes Gespräch, Telefonie, E-Mail, Chat, soziale Netzwerke und so weiter). Der eine spricht eher sanft und leise und wird zu Menschen, die genauso sensibel sind, viel eher Zugang finden.

---

[17] Siehe Seite 65 bzw. Abbildung 4 und 5.
[18] Vgl. Apg 2,1–11; 1,8; Joh 16,13; 14,26.

Ein anderer ist ein robuster, lautstarker und kräftiger Redner. Er wird genau die Menschen ansprechen, die einen solchen Tonfall lieben. Der eine möchte live dabei sein, wenn ein Vortrag gehalten wird, der andere möchte sich zu gegebener Zeit den Vortrag lieber in einer Mediathek abrufen und ihn zu Hause ansehen.

Für die Erfüllung des Missionsauftrags bedeutet das eben auch, zu lernen, unsere unbewussten Grenzsetzungen zu erkennen und uns bewusst zu entscheiden, diese zu überschreiten und auf diese Weise „allen alles" beziehungsweise „manchen manches" zu werden. Es ist der Heilige Geist, der letztlich die Gemeinde wie auch den Einzelnen dazu befähigt, wie das Beispiel der ersten Christen zeigt (vgl. Apg 1,8; 10,44–47).

Selbst innerhalb einer ethnischen Gruppe existieren Untermilieus, die ebenso unterschiedlich sein können wie Angehörige unterschiedlicher ethnischer Gruppen. Mission muss ein Gespür haben für diese Grenzen und Unterschiede. Nur so können diese Grenzen echt, glaubwürdig und wertschätzend überschritten werden, damit *Schalom* erfahren werden kann.

Wenn sich zeigt, dass wir in unseren Gemeinden unter einer „Milieuverengung" leiden, könnte dies bedeuten, dass es dringend an der Zeit ist, sich aus der eigenen Wohlfühlzone herauszuwagen. Es geht dabei keineswegs darum, beispielsweise einen Expeditiven in die bürgerliche Mitte hinüberzuziehen, als Etablierter ins prekäre Milieu „hinabzusteigen" oder einen Performer in einen Traditionellen umzuerziehen. Aber es könnte bedeuten, dass Einzelne einer Ortsgemeinde oder auch die ganze Gemeinde erkennen, dass sie Raum für Vertreter anderer Lebenswelten lassen oder sogar schaffen müssen. Das kann mit ernst zu nehmenden Sorgen und Ängsten verbunden sein. *Was wird nun aus der angestammten Ordnung? Kann ich mich hier weiter zu Hause fühlen? Werde ich irgendwann verdrängt?* So sehr diese (menschlichen) Reaktionen nachvollziehbar und auch berechtigt sein können, droht auch die Gefahr, „den Geist auszulöschen" (vgl. 1 Ths 5,19). Bei all diesen Überlegungen sollte stets vor Augen bleiben, wozu die Kirche als Gemeinde Gottes eigentlich ins Leben gerufen wurde: Sie ist um der Menschen willen da und hat eine dienende Funktion. Über allen Ängsten in dieser Welt (vgl. Joh 16,33) steht die Zusage, die Jesus seinen Jüngern gab: „Ich bin bei euch alle Tage bis an der Welt Ende." (Mt 28,20) Immer und überall wacht Jesus über seine Gemeinde. Vertrauen wir dieser Zusage?

Adventisten und die *Schalom*-Botschaft

Wie in Kapitel 1 dargestellt, ist das zentrale Anliegen der Mission die Verkündigung des „Evangeliums des Friedens" über alle Grenzen hinweg – global.[19] Haben Adventisten eine *Schalom*-Botschaft für die Welt, also eine Botschaft ganzheitlicher Erlösung und Heilung? Zielen unsere missionarischen Bemühungen auf alle Ebenen des menschlichen Lebens ab – also Körper, Geist, Seele und das Soziale? Das zumindest ist der Anspruch der adventistischen Glaubensüberzeugungen. So heißt es in der Glaubensüberzeugung Nr. 7 („Der Mensch") beispielsweise: „Der Mensch ist eine unteilbare Einheit aus Leib, Seele und Geist"[20], oder in der Glaubensüberzeugung Nr. 11 („Wachsen in Christus"): „Wir sind auch gerufen, dem Vorbild Christi zu folgen und uns mitfühlend um die körperlichen, geistigen, sozialen, seelischen und geistlichen Bedürfnisse der Menschen zu kümmern."[21] Die Glaubensüberzeugungen Nr. 12 („Die Gemeinde") und Nr. 23 („Ehe und Familie") betonen in erster Linie soziale Aspekte des Glaubens, und die viel diskutierte Glaubensüberzeugung Nr. 22 („Christlicher Lebensstil") hat eigentlich das Heil des Körpers vor Augen. Die Glaubenspunkte „Die Schöpfung" (Nr. 6), „Der Sabbat" (Nr. 20) wie auch die Hoffnung auf „Die neue Erde" (Nr. 28) bringen das Wissen um und die Sehnsucht nach Wiederherstellung des Menschen als ganzheitliches Geschöpf ebenfalls zum Ausdruck.

---

[19] Vgl. Eph 2,17; 6,15; Offb 14,6.

[20] www.adventisten.de/ueber-uns/unsere-glaubensueberzeugungen/7-der-mensch (letzter Zugriff: 10.9.2018).

[21] www.adventisten.de/ueber-uns/unsere-glaubensueberzeugungen/11-wachsen-in-christus (letzter Zugriff: 10.9.2018).

Wie überträgt sich dieses Selbstverständnis auf die adventistische Verkündigung im Allgemeinen? Und wie auf die hier thematisierte milieusensible Mission im Speziellen?

Solange sich Gemeinden mehr über die richtige Lehre und das entsprechend richtige Verhalten definieren und weniger über echte Beziehungen und anteilnehmende Gemeinschaft, werden alle Milieus, die auf Letzteres Wert legen, bei uns keinen Anknüpfungspunkt finden. Solange wir Mission mehr als religiöse Wissensvermittlung (Wahrheit im Sinne von Glaubenslehren) und religiöse (Um-)Erziehung verstehen (die aus unserer Sicht richtigen Verhaltensweisen beibringen), wird ein wesentlicher Aspekt des Missionsauftrages zu kurz kommen: Umkehr zu Gott geschieht vor allem auf der Ebene der Beziehung, nicht allein aufgrund von Wissen. Die Annahme durch Gott muss zunächst für den gottfernen Menschen durch jene erfahrbar gemacht werden, die zu Jesus gehören. Gemeinde wird so zu einer „Stadt auf dem Berg" (vgl. Mt 5,14), die ihr „Licht leuchten [lässt] vor den Leuten, damit sie eure guten Werke sehen" (Mt 5,16). Sie veranschaulicht auf diese Weise das Wesen Gottes in dieser Welt. Jesus, „das Licht für die Welt", wirkte auf diese Weise unter den Menschen seiner Zeit. Die Menschen sahen die guten Werke und fühlten sich daraufhin zu Gott hingezogen.[22] In diesem Zusammenhang ist auch das unter Adventisten viel beachtete Zitat von Ellen White über die Vorgehensweise Christi aufschlussreich:

> Allein die Vorgehensweise Christi wird wahren Erfolg bringen in dem Bemühen, Menschen zu erreichen. Der Heiland mischte sich unter die Leute als einer, der ihr Bestes wollte. Er zeigte ihnen sein Mitgefühl, diente ihren Bedürfnissen und gewann ihr Vertrauen. Erst dann lud er sie ein: „Folgt mir nach."[23]

Mit anderen Worten: Um „das Licht leuchten lassen zu können", bedarf es zunächst einer authentischen Beziehung. Im Engli-

---

[22] Vgl. Lk 5,25; 7,16; 18,43.

[23] Ellen White, *The Ministry of Healing*, Mountain View, Kalifornien 1942, S. 134.

schen steht hier das Wort *method*[24], doch wer „Beziehung als Methode" einsetzt, macht sich verdächtig. Er ist nicht wirklich am Wohl des anderen interessiert, sondern verfolgt eine versteckte Agenda. Das kann hier keinesfalls gemeint sein – ganz im Gegenteil. Es gibt keine „Methode, um Vertrauen zu gewinnen"; das wäre manipulativ und letztlich ein Missbrauch des Vertrauens. Erst, wenn wir authentische Beziehungen zu unseren Mitmenschen – aus demselben oder einem anderen Milieu – aufgebaut haben, erreichen wir die Voraussetzungen für das Anliegen der Mission. Der Beziehungsaufbau zum Menschen war und ist die unverzichtbare Grundlage für die Vermittlung des Wissens und der Lehren über Gott.

Beziehungsaufbau verlangt aber in unterschiedlichen gesellschaftlichen Milieus unterschiedliches Vorgehen. Auf der praktischen Ebene geht es dabei um Fragen wie die folgenden: Wo trifft man sich, was unternimmt man gemeinsam, über welche Themen wird gesprochen und welche werden ausgeklammert?

Ob wir in Zukunft für unsere Mitmenschen bedeutungsvoll den Glauben an Gott leben können, wird in erheblichem Umfang davon abhängen, ob und inwieweit wir den Blick für die Menschen wieder in den Mittelpunkt rücken können; ob wir unsere eigenen Milieugrenzen erkennen und bereit sind, diese zu überschreiten und damit unsere Komfortzone zu verlassen, um mit Menschen anderer Milieus befreit und freudig Gemeinschaft pflegen zu können; und zugleich Grundwerte des Evangeliums so leben lernen, dass wir Gott treu bleiben.

Auch Jesus pflegte wiederholt Umgang mit Menschen, deren Wertewelt sich gravierend von seinem vollkommenen Wesen unterschied. Durch liebevolle Annahme und verständnisvolles Zuhören sowie den Entschluss, auf die positiven Eigenschaften all dieser Menschen zu sehen, gelang es ihm, Vertrauen zu ihnen aufzubauen. Das Beispiel der Berufung Levis, wo sich Jesus der Tischgemeinschaft mit „vielen Sündern und Zöllnern" anschloss, macht das sinnbildlich deutlich (vgl. Mk 2,13–17). Das Verhalten

---

[24] Dt. auch „Art und Weise".

119

von Jesus löste eine Ekelreaktion in der religiösen Oberschicht aus: „Mit den Zöllnern und Sündern isst er?" (V. 16) Jesus, der diese Reaktion hörte, antwortete ihnen: „Nicht die Starken bedürfen des Arztes, sondern die Kranken. Ich bin nicht gekommen, Gerechte zu rufen, sondern Sünder." (V. 17) Kein Milieu wird bei Gott abgeschrieben, denn in jedem Milieu befinden sich Menschen (Sünder), die des Arztes bedürfen.

Hürden der Kommunikation überwinden

Nicht immer kann das Evangelium direkt und unmittelbar kommuniziert werden. Das hat weniger mit „Verstellung" zu tun als mit einer gewissen Sensibilität für die Gegebenheiten, Denkweisen und Bedürfnisse der Menschen, denen wir begegnen. Jesus weihte seine Jünger in ein Geheimnis ein, als er ihnen sagte:

> Euch ist das Geheimnis des Reiches Gottes gegeben; denen draußen aber widerfährt es alles in Gleichnissen, auf dass sie mit sehenden Augen sehen und doch nicht erkennen und mit hörenden Ohren hören und doch nicht verstehen, damit sie sich nicht etwa bekehren und ihnen vergeben werde. (Mk 4,11–12)

Indem Jesus auf das „Medium Gleichnis" (Metaphern) zurückgriff, bot er Anknüpfungspunkte und ermöglichte eine Übertragung des Inhalts. Die beschriebene „kognitive Dissonanz" (sehen und nicht erkennen, hören und doch nicht hören) weckt dabei das Interesse an der Auslegung.[25]

Ty Gibson fasste die beispielhafte Art und Weise von Jesus kürzlich mit drei Begriffen zusammen: *Come down. Come close. Come as.*[26] In der Menschwerdung kam Gott herab auf eine Stufe

---

[25] Vgl. Mt 15,15, wo Petrus fordert: „Deute uns dies Gleichnis!" Auch wenn Jesus seinen Jüngern attestierte, ihnen sei „das Geheimnis des Reiches Gottes gegeben", so musste er ihnen an anderer Stelle deutlich machen: „Ich habe euch noch viel zu sagen; aber ihr könnt es jetzt nicht ertragen." (Joh 16,12) Jesus wusste also auch, was er seinen Jüngern unmittelbar zumuten konnte und was für einen späteren Zeitpunkt vorbehalten war.

[26] Öffentlicher Vortrag im Rahmen der *General Youth Leaders Conference,* die vom 31. Juli bis zum 4. August 2018 in Kassel stattfand.

mit uns Menschen (Augenhöhe), er kam uns nah und zeigte darin sein Mitgefühl (Empathie) und er zeigte seine Zugehörigkeit zur Menschheit (Solidarität; vgl. Phil 2,7). Genau das ist auch das Anliegen milieusensibler Mission: Augenhöhe, Empathie und Solidarität.

Seh- und Verstehenshilfe

Um sich auf das jeweilige Gegenüber einstellen zu können, müssen wir zunächst verstehen, wie unser Gegenüber denkt und fühlt, kurz: wie die Person „tickt".

Das Milieumodell ist hierbei eine gute „Sehhilfe"[27], um die Menschen unserer Gesellschaft in ihrer Unterschiedlichkeit wahrnehmen und sich entsprechend auf sie einstellen zu können. Das war und ist der Anspruch Gottes an uns: seinem Beispiel zu folgen und uns auf die Menschen zuzubewegen, die für Christus gewonnen werden sollen. Wir dürfen nicht erwarten, dass unsere Umgebung den ersten Schritt auf uns zumacht.

Die Sinus-Milieu®-Studien sind keine Wunderwaffe, mit der Mission auf einmal wie von alleine funktioniert. Wenn wir jedoch bereit sind, die Unterschiedlichkeit der Menschen anzuerkennen und sie in ihrer jeweiligen Art und Weise anzusprechen, liefert das Milieumodell uns wertvolle Hinweise, wie der Beziehungs- und Vertrauensaufbau besser gelingen kann. Eine grundlegende Frage, die wir uns ehrlich beantworten müssen, ist dabei: *Geht es in erster Linie um die lehrmäßige Wahrheit, die verkündigt werden soll, oder um den Menschen, der mit Gott in Kontakt kommen soll?* Es soll zwar weder Glaubenswissen noch die Gottesbeziehung schwerer gewichtet werden; aber das primäre Anliegen ist, die Grundlage der Beziehung als Ausgangspunkt in den Vordergrund zu rücken. Auf diesem Fundament baut sich dann alles Wissen über Gott in praktischem Handeln im Alltag auf.

---

[27] Claudia Schulz in: Heinzpeter Hempelmann, *Gott im Milieu*, Gießen 2012, S. 90.

Kapieren, nicht kopieren

Bei einem christlichen Kongress berichtete ein Kirchenleiter von seinem Besuch einer durch Mission schnell wachsenden Gemeinde im Ausland. Er erzählte, wie begeistert er erlebte, dass die Gemeinde seit Jahren durch Bekehrungen mehr Mitglieder bekäme. Er war fasziniert von den vielfältigen Programmen und Angeboten, die dort für die Menschen in ihrer jeweiligen Bedürftigkeit entwickelt wurden. Diese Kirche hatte ein offenes Ohr für die Nöte der Mitmenschen und schaffte es, entsprechende Projekte als Antwort darauf anzubieten. Schon oft hatte dieser Kirchenleiter erlebt, wie deutsche Kirchengemeinden den Versuch unternommen hatten, die Projekte dieser Vorzeigegemeinde aus dem Ausland nach Deutschland zu bringen. Die Versuche, Strukturen und Konzepte der ausländischen Kirchengemeinde in Deutschland zu kopieren, waren aber alle irgendwann gescheitert. Ich werde die Einsicht, die diesem Kirchenleiter bei seinem Auslandsbesuch kam, nie vergessen. Er sagte: „Ich habe begriffen: Das Prinzip heißt *kapieren*, nicht bloß *kopieren!*" Mit anderen Worten erklärte er damit das Ende der pauschalen Mission.

Auch in der Kirche der Siebenten-Tags-Adventisten gab es schon viele Versuche dieser „Copy & Paste"[28]-Evangelisation. Bewährte missionarische Konzepte aus dem Ausland wurden mehrfach nach Deutschland gebracht, blieben aber entweder wirkungslos oder konnten gar nicht erst umgesetzt werden. Ein Beispiel hierfür waren sogenannte Sabbatschulaktionsgruppen.[29] Dieses Konzept wurde in einigen Regionen Süd- und Nordame-

---

[28] „Copy and Paste" ist ein Tastaturbefehl auf dem PC, mit dem sich Texte ausschneiden, in einer virtuellen Zwischenablage speichern und eins zu eins in einer anderen Datei einfügen lassen. Zu Deutsch „Kopieren und Einfügen".

[29] Dahinter steht der Gedanke, dass sich feste Bibelgesprächskreise aus acht bis zehn Teilnehmern bilden, die auch außerhalb des Gottesdienstes gemeinsame Aktivitäten miteinander planen. Vgl. dazu den Bericht „Wenn sich eine sterbende Gemeinde weigert aufzugeben" von Mario Brito über das Wachstum durch Kleingruppen in Bergamo (Norditalien) in: *Adventisten heute*, Juli 2010, S. 5.

rikas sowie in Indonesien und auf den Philippinen erfolgreich eingesetzt. Gemeinden berichteten von traumhaften Gliederzuwächsen, nachdem sie begonnen hatten, damit zu arbeiten. Man lud einen Abteilungsleiter aus Südamerika in die damalige Euro-Afrika-Division ein. Er war sehr bemüht, dieses Konzept in Europa umzusetzen. Doch am Ende seiner Wahlperiode ging er gerne wieder zurück in seine Heimat. Hierzulande ließ sich dieses Konzept nicht so umsetzen, wie es dort gelungen war.

Ich persönlich war von dieser Idee auch sehr begeistert. Ich versuchte, sie hier und da in den Gemeinden umzusetzen – ohne Erfolg. Dies ist eines der vielen Beispiele dafür, dass Konzepte (nur) dann erfolgreich sind, wenn sie in den Dreiklang von Kultur, Gesellschaftsmilieus und Gemeindeprofil passen. Leider wird immer wieder versucht, eine in diesem Dreiklang wirksame Methode eben lediglich in die eigene Lebenswelt „zu verpflanzen". Stattdessen sollten wir von erfolgreichen Konzepten lernen (*best practice*), welche Prinzipien angewendet wurden, die kultur-, milieu- und gemeindeübergreifend sind – und diese dann in unserem Rahmen anwenden.

Unser Gemeindeprofil

Wie steht es um den letzten Aspekt des beschriebenen Dreiklangs – die örtliche Gemeinde? In den meisten Adventgemeinden gibt es Leitmilieus. Eines der in der sie umgebenden Gesellschaft existierenden Milieus wird sich häufig als das prägende in einer Ortsgemeinde erweisen. Dennoch sind auch andere Milieus darin vertreten. Diese Menschen haben sich oft um des guten Miteinanders willen dem Leitmilieu der Ortsgemeinde angepasst oder damit arrangiert. Im Sinne der paulinischen Maxime „Ich bin allen alles geworden" stellen sie das Potenzial einer Ortsgemeinde dar, neue Zielgruppen zu erreichen. Es liegt an der Gemeinde, diese Vielfalt zu erkennen und sie missionarisch zu nutzen. Dies erfordert allerdings von den Gemeindegliedern, sich ihrer milieubedingten Ekelschranken bewusst zu werden und diese zum Wohl der Menschen, die erreicht werden sollen, zu überwinden. Nur dann kann die Gemeinde ihren Schatz der Vielfalt nutzen, um Menschen für das Reich Gottes zu gewinnen.

Auch der Pastor einer Ortsgemeinde ist vor dieselbe Herausforderung gestellt. Er muss ebenfalls lernen, seine milieubedingten Ekelschranken zu erkennen. Das kann unter Umständen bedeuten, missionarische Handlungsweisen zulassen zu können, mit denen er (kulturell oder ästhetisch) nicht übereinstimmt, um so mehr Menschen den Zugang zum Reich Gottes zu ermöglichen. Es kann für die eigene Arbeitsweise enorm hilfreich sein, die eigene Milieuverortung zu kennen. Einerseits kann es dabei unterstützen, sich im Herkunftsmilieu ganz bewusst Schwerpunkte zu setzen, und andererseits erkennen lassen, auf welche Milieus es sich zusätzlich einzustellen gilt. Bei den stichprobenartigen Erhebungen (siehe Kapitel 5, Seite 87 f.) zu den Sinus-Milieus® innerhalb der Adventgemeinde waren in vielen Fällen Pastoren die Teilnehmer. Und in fast allen Fällen zeigte sich ein deutlicher Milieuunterschied zwischen der Selbsteinschätzung der Pastoren und der ihrer Gemeinden. Es ist fatal, wenn ein Pastor – unbewusst oder bewusst – seine Gemeinden dazu bringen möchte, sich seinem Heimatmilieu anzugleichen. Dagegen wehren sich die Gemeinden selbstverständlich ebenfalls teils bewusst, teils unbewusst. Anders herum ist es ebenso kritisch, wenn Pastoren versuchen, ihr eigenes Heimatmilieu samt aller Prägungen zu unterdrücken, während sie den Gemeinden in deren Heimatmilieus dienen. Solche Pastoren arbeiten sozusagen permanent im „kulturellen Ausland". Dabei lernen sie zwar viel und können daran reifen, es kostet aber auch immens viel Kraft. Noch gänzlich unerforscht ist ein möglicher Zusammenhang mit den zunehmenden Burn-out-Erkrankungen unter Pastoren.

Wie bereits erwähnt sind die Sinus-Milieu®-Studien kein Allheilmittel für missionarische Probleme. Sie sind eine Sehhilfe – nicht mehr und nicht weniger. Die Ergebnisse der fortlaufenden Studien lassen uns die Gesellschaft um uns herum besser erkennen und verstehen. Sie schärfen unsere Wahrnehmung für unsere Umwelt. Wir können mit ihrer Hilfe lernen, genauer hinzusehen und zu erkennen, welche Milieus welche Anknüpfungspunkte bieten, um die Botschaft der Erlösung in unseren Breitengraden (D, A, CH) heute zu vermitteln. Der Aufwand, den wir in eine solche „Vorarbeit" stecken, kann sich aber durch eine effektivere Vorgehensweise und durch einen sinnvolleren Einsatz aller Ressourcen an Zeit, Kraft und Geld bezahlt machen.

Abschließende Gedanken

Dieses Buch möchte ein Anfang sein. Eine Starthilfe, sich selbst und seine Umwelt neu zu reflektieren, andere Blickwinkel einzunehmen und, wo nötig, mutig(er) zu werden. Die Stichproben unter Mitgliedern unserer Freikirche sind ebenfalls ein Anfang. Diese ersten Trends ermöglichen bereits ein besseres Verständnis von Gemeindestrukturen, Bedürfnissen, Ansprüchen und Wünschen. Sie zeigen auch, wo diese in der Realität auseinanderklaffen. Es liegt meines Erachtens eine große Chance darin, die Milieuzugehörigkeiten der Siebenten-Tags-Adventisten und die Milieuverortung der einzelnen Gemeinden im deutschsprachigen Raum anhand des Sinus-Modells zu ermitteln. Dies könnte eine noch verlässlichere Sehhilfe bieten, um die Menschen innerhalb der Kirche und in der Umgebung wie in der Gesellschaft bewusster wahrzunehmen und Anknüpfungspunkte zu finden. Um auf diese Weise am Reich Gottes zu bauen und so den Menschen in unserer nächsten Umgebung zu dienen und „etliche zu retten" (vgl. 1 Kor 9,22).

Mission ist wie gesagt vor allem ein Beziehungsgeschehen. Evangelium bedeutet die Wiederherstellung der verloren gegangenen Vertrautheit zwischen Gott und dem Menschen. Alle Lehren und Gebote der Bibel sind Hilfsmittel, die darauf abzielen, der Harmonie mit Gott, dem Nächsten und sich selbst wieder näherzukommen.

Jesus beauftragte seine Jünger mit den Worten: „*Wie* mich der

Vater gesandt hat, *so* sende ich euch." (Joh 20,21, Herv. d. Verf.) Diesem Auftrag Jesu nachzukommen bedeutet auch, von dem zu lernen, der jedem Milieu auf entsprechende Weise begegnen konnte. Er suchte die Beziehung zu den Menschen und litt daran, wenn dies abgelehnt wurde.[30] Auch Jesus konnte Beziehungen nicht „machen". Als Menschen können wir lediglich Beziehungsangebote machen. Unserem Gegenüber steht es frei, dieses Angebot anzunehmen oder abzulehnen.

Wenn Jesus seinen Nachfolgern zu allen Zeiten sagt: „Gehet hin" (Mt 28,19), dann fordert das auch uns heute heraus, uns ganz auf den beziehungsweise die Menschen einzustellen. Jesus hat uns dies vorgemacht, indem er alle göttlichen Vorrechte ablegte und Mensch wurde wie wir.[31] Diesem Vorbild nachzufolgen bedeutet, dem anderen ein Mensch zu werden oder, wie Paulus es formulierte, um des Evangeliums willen „allen alles" zu werden.

Mission ist mehr als bloße Wissensvermittlung biblischer Wahrheit(en). Was als Wahrheit der biblischen Botschaft verstanden wird, kann abhängig vom jeweiligen Milieu bereits stark gefärbt sein. Was richtige Lehre und richtige Argumentation ist, entscheidet sich unter Umständen jeweils aus der Lebensweltlogik der einzelnen Milieus heraus. Das ewige Evangelium bleibt zwar immer dasselbe, doch der Gegenwartsbezug[32] ändert sich. Das Wesen und der Charakter Gottes bleiben immer gleich, doch die Art und Weise, wie darüber von Milieu zu Milieu beziehungsweise innerhalb der Milieus kommuniziert wird, ändert sich. Unser Reden über Gott muss sich übersetzen, auch wenn die Orientierung am jeweiligen Milieu nicht dazu führen darf, Inhalte des

---

[30] Vgl. Mt 23,37: „Jerusalem, Jerusalem, die du tötest die Propheten und steinigst, die zu dir gesandt sind! Wie oft habe ich deine Kinder versammeln wollen, wie eine Henne ihre Küken versammelt unter ihre Flügel; und ihr habt nicht gewollt!"

[31] „Er, der in göttlicher Gestalt war, hielt es nicht für einen Raub, Gott gleich zu sein, sondern entäußerte sich selbst und nahm Knechtsgestalt an, ward den Menschen gleich und der Erscheinung nach als Mensch erkannt." (Phil 2,6–7)

[32] Vor diesem Hintergrund bekommt der adventistische Anspruch auf „gegenwärtige Wahrheit" (*present truth*) noch einmal zusätzliche Relevanz.

Wortes Gottes nur selektiv zu vermitteln.

Wir brauchen eine Sehhilfe, die uns die passenden Anknüpfungspunkte sowohl für Beziehungen als auch für die inhaltliche Vermittlung innerhalb der verschiedenen Milieus finden lässt. Die Sinus-Milieus® bieten eine solche Seh- und Verstehenshilfe. Sie können uns als Einzelnen und Gemeinden helfen, uns selbst, unsere eigene Prägung und die Menschen um uns herum besser zu verstehen. Sie können uns auch unseren Entwicklungsbedarf aufzeigen, um bisher missionarisch kaum oder gar nicht erreichte Milieus gezielter anzusprechen. Es ist diese besondere Kombination aus dem Wirken des Heiligen Geistes, persönlicher Gemeinschaft mit Gott und verfügbaren Erkenntnissen, die uns missionarisch neue, effektivere Wege weisen kann.

Neue Menschen zu gewinnen, die sich für eine Beziehung zu Gott entscheiden, bringt neue Ressourcen in die Kirche. Wenn diesen neuen Gläubigen der Raum gegeben wird, sich auf ihre Weise in die Ortsgemeinden zu integrieren, werden sie ihre Zeit, ihre Kraft und ihre finanziellen Mittel einbringen. Vielleicht werden sich dabei die Ortsgemeinde wie auch die überregionale Verwaltungsstruktur verändern (müssen), denn neue Menschen sind in mancher Hinsicht wie „neuer Wein"[33], der nicht in alte Schläuche, sprich Strukturen, passt.

Wenn wir darauf vertrauen, dass es nicht unsere (milieubedingten) Strukturen sind, die uns als Gemeinde Sicherheit geben – sondern dass Gott es ist, der uns Sicherheit und Stabilität schenkt, dann brauchen wir mögliche Entwicklungsschritte nicht zu fürchten.

---

[33] Vgl. Mt 9,17.

Anhang

Die Sinus-Milieus® in Deutschland 2017

Soziale Lage und Grundorientierung

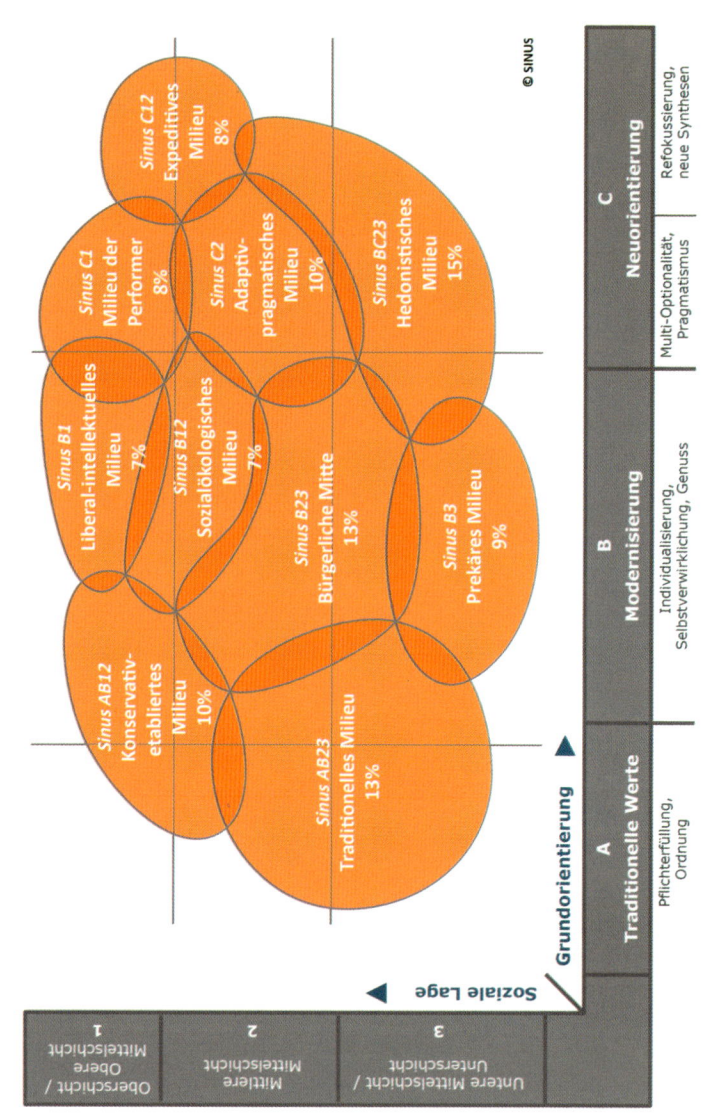

Abb. 1

Die Sinus-Milieus® in Österreich
Soziale Lage und Grundorientierung

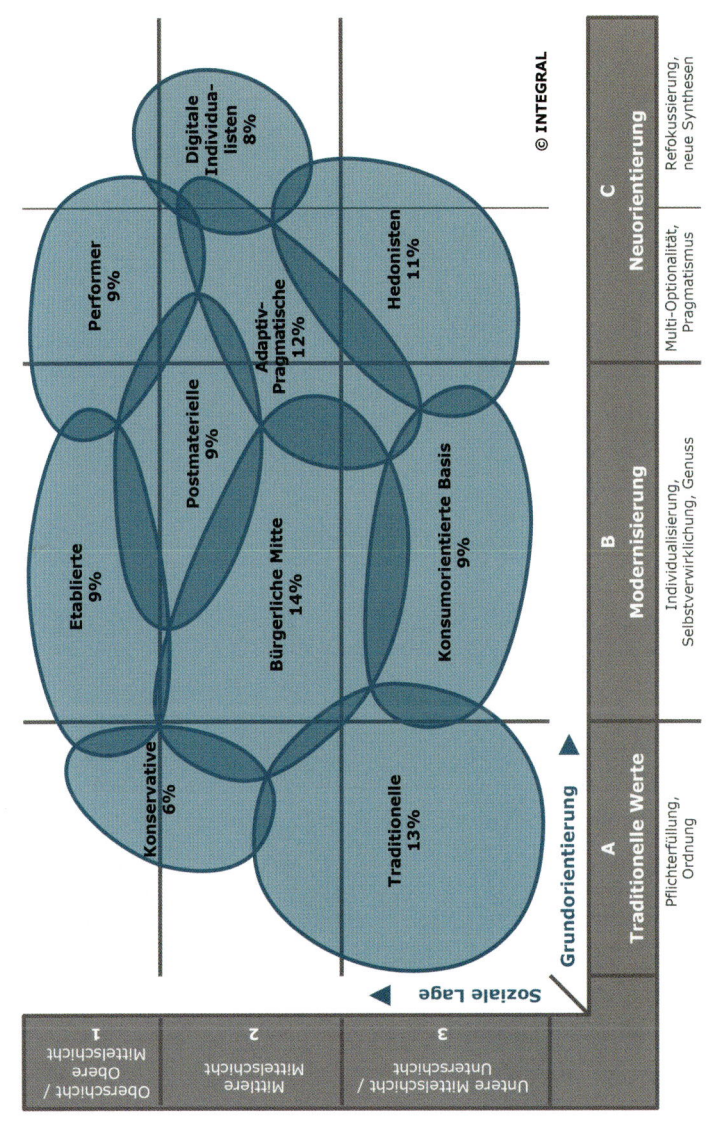

Abb. 2

Die Sinus-Milieus® in der Schweiz
Soziale Lage und Grundorientierung

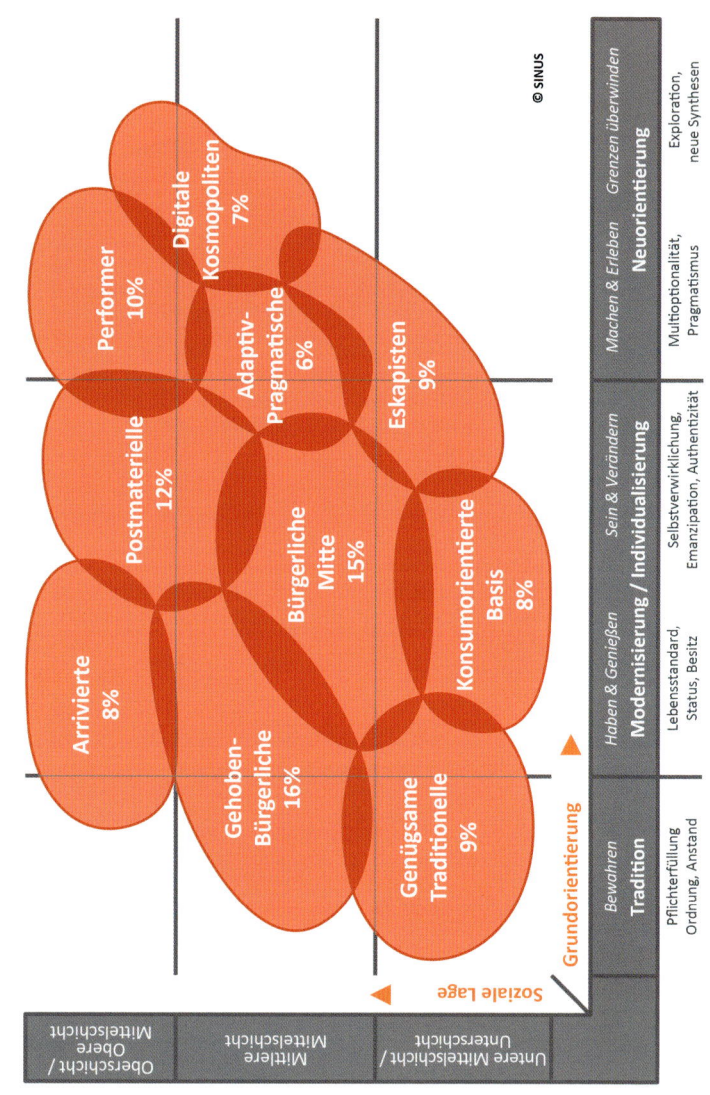

Abb. 3

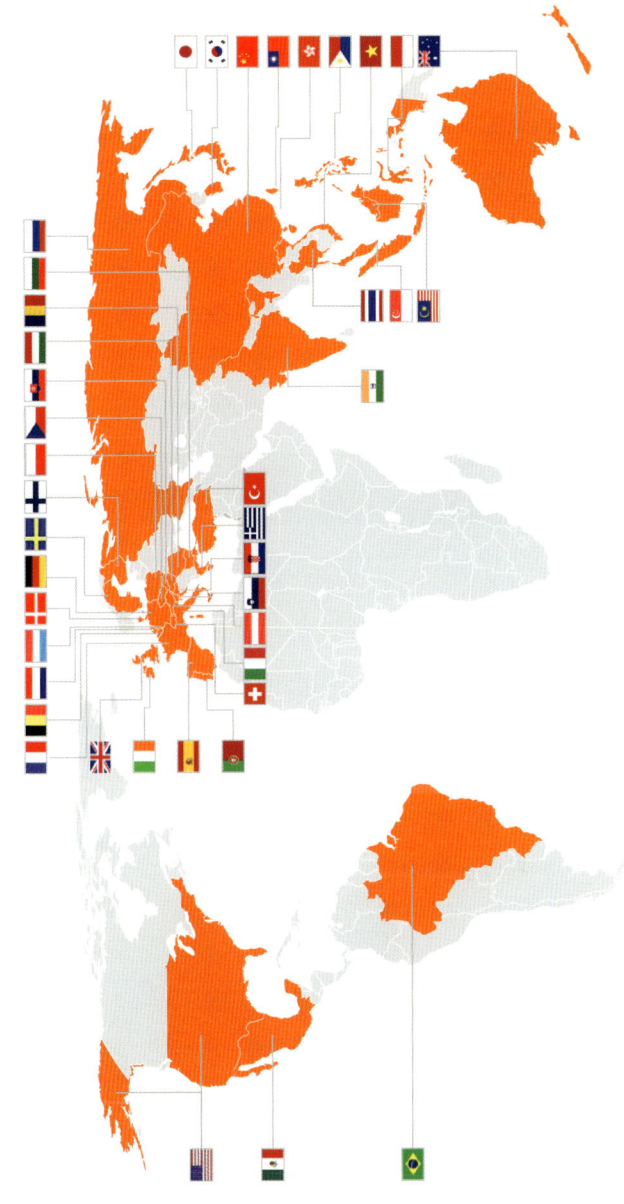

Sinus-Meta-Milieus® in 44 Ländern

Abb. 4

Sinus-Meta-Milieus® for established markets

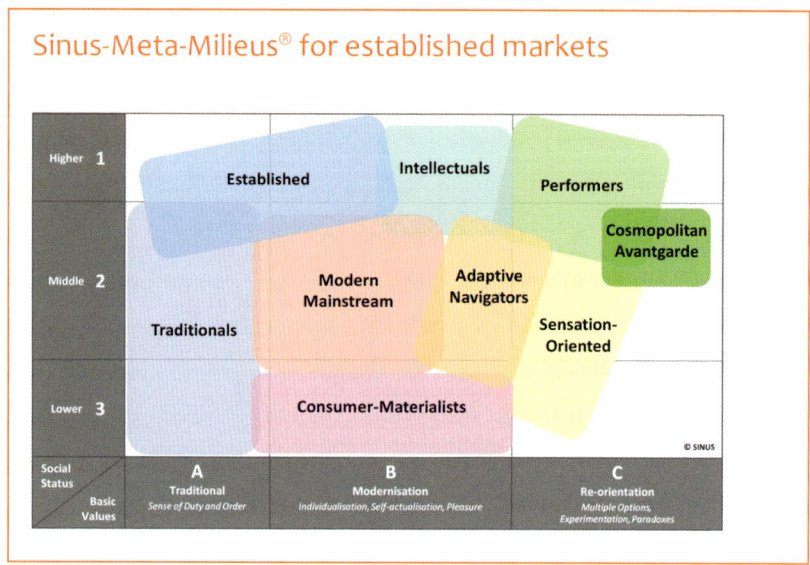

Abb. 5

Bevölkerung ab 14 Jahren nach Religionszughörigkeit

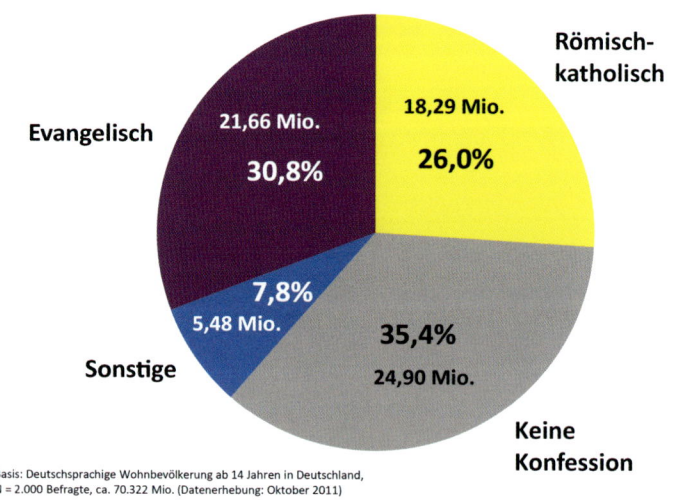

Basis: Deutschsprachige Wohnbevölkerung ab 14 Jahren in Deutschland,
N = 2.000 Befragte, ca. 70.322 Mio. (Datenerhebung: Oktober 2011)

Abb. 6

Interessieren Sie sich für religiöse Fragen?
Sehr / ziemlich*

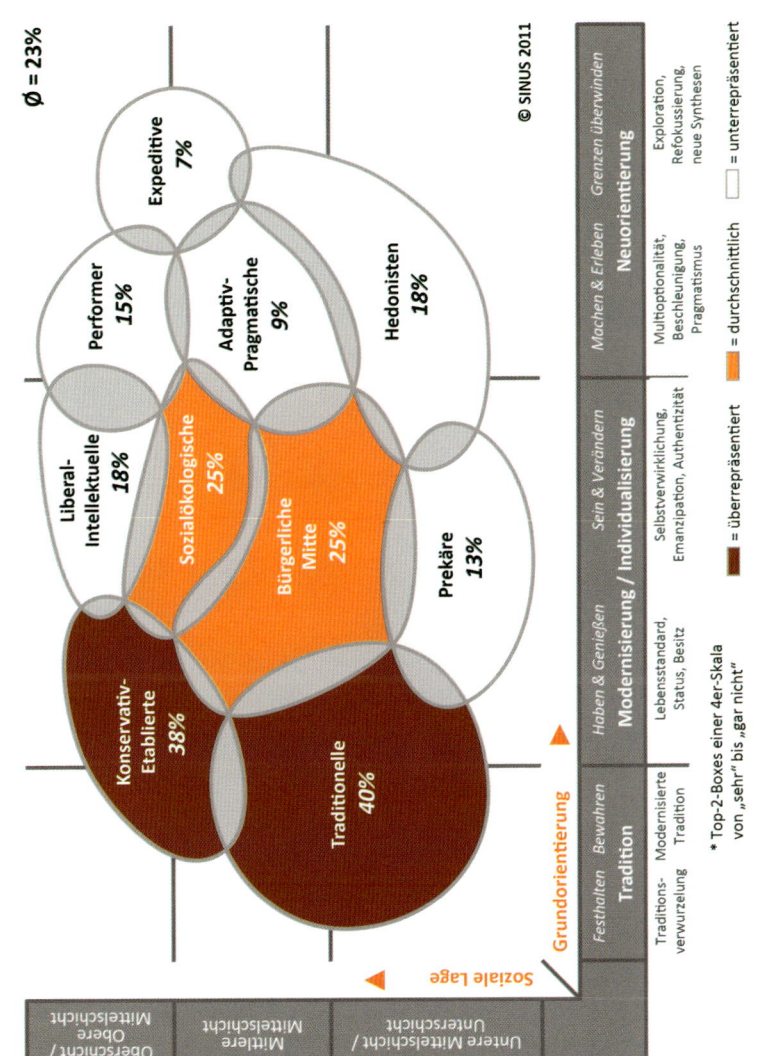

Ø = 23%

Performer 15%
Expeditive 7%
Liberal-Intellektuelle 18%
Sozialökologische 25%
Adaptiv-Pragmatische 9%
Hedonisten 18%
Konservativ-Etablierte 38%
Bürgerliche Mitte 25%
Prekäre 13%
Traditionelle 40%

Oberschicht / Obere Mittelschicht
Mittlere Mittelschicht
Untere Mittelschicht / Unterschicht

Soziale Lage

Grundorientierung

Tradition	Modernisierung / Individualisierung	Neuorientierung
Festhalten Bewahren	Haben & Genießen	Sein & Verändern	Machen & Erleben	Grenzen überwinden
Traditions-verwurzelung	Modernisierte Tradition	Lebensstandard, Status, Besitz	Selbstverwirklichung, Emanzipation, Authentizität	Multioptionalität, Beschleunigung, Pragmatismus	Exploration, Refokussierung, neue Synthesen

© SINUS 2011

* Top-2-Boxes einer 4er-Skala von „sehr" bis „gar nicht"

= überrepräsentiert
= durchschnittlich
= unterrepräsentiert

Abb. 7

Mitglieder der beiden großen christlichen Kirchen in den Sinus-Milieus

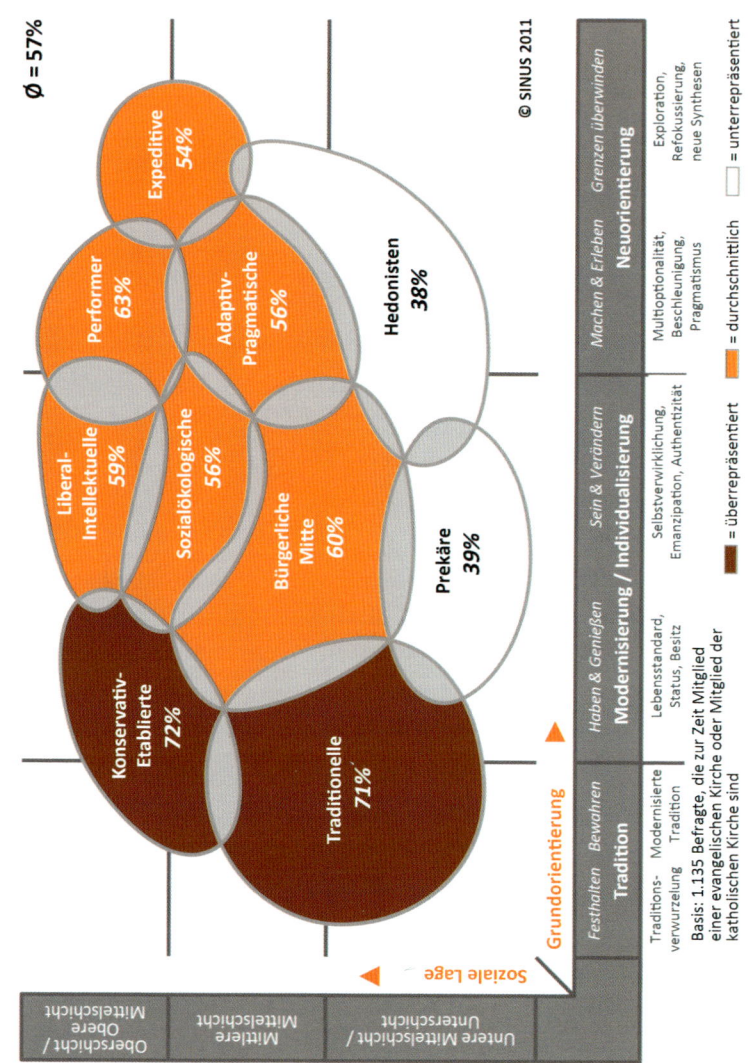

Ø = 57%

© SINUS 2011

Oberschicht / Obere Mittelschicht

Mittlere Mittelschicht

Untere Mittelschicht / Unterschicht

Soziale Lage

Grundorientierung

	Festhalten	Bewahren	Haben & Genießen	Sein & Verändern	Machen & Erleben	Grenzen überwinden
	Tradition		Modernisierung / Individualisierung		Neuorientierung	
	Traditions-verwurzelung	Modernisierte Tradition	Lebensstandard, Status, Besitz	Selbstverwirklichung, Emanzipation, Authentizität	Multioptionalität, Beschleunigung, Pragmatismus	Exploration, Refokussierung, neue Synthesen

Konservativ-Etablierte 72%

Traditionelle 71%

Liberal-Intellektuelle 59%

Performer 63%

Expeditive 54%

Sozialökologische 56%

Adaptiv-Pragmatische 56%

Bürgerliche Mitte 60%

Hedonisten 38%

Prekäre 39%

Basis: 1.135 Befragte, die zur Zeit Mitglied einer evangelischen Kirche oder Mitglied der katholischen Kirche sind

■ = überrepräsentiert   ■ = durchschnittlich   □ = unterrepräsentiert

Abb. 8

Gehören Sie zur Zeit einer Religions-/ Glaubensgemeinschaft an?
Evangelisch / Protestantisch

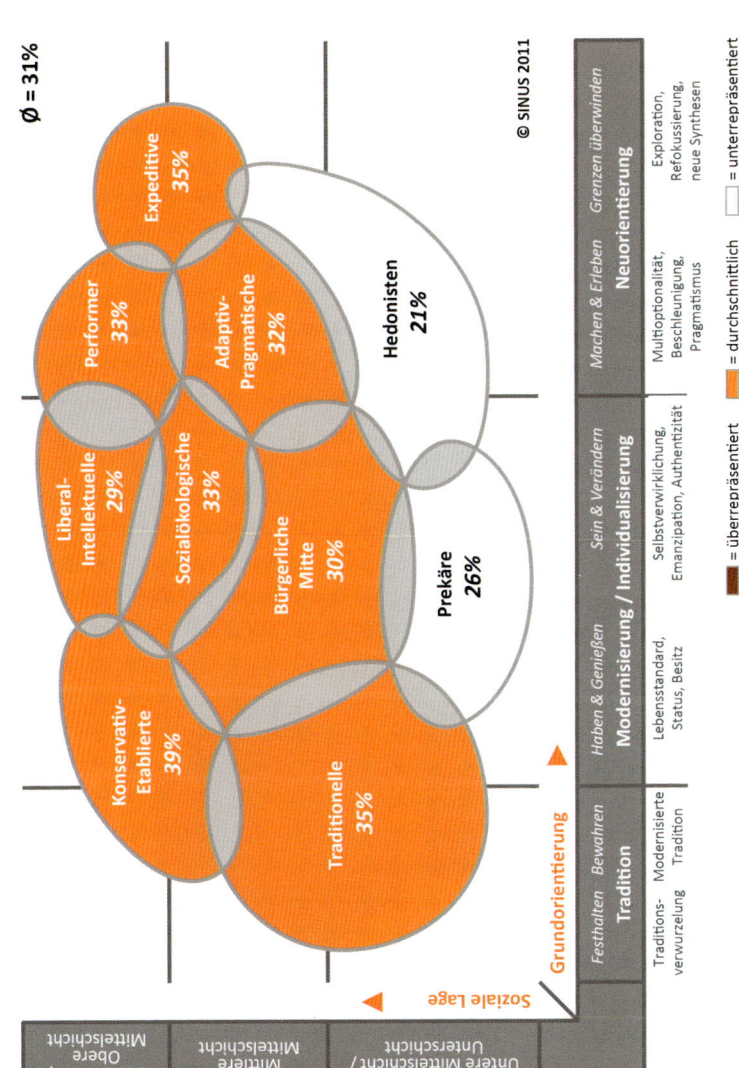

Ø = 31%

© SINUS 2011

Soziale Lage

- Oberschicht / Obere Mittelschicht
- Mittlere Mittelschicht
- Untere Mittelschicht / Unterschicht

Grundorientierung

Tradition		Modernisierung / Individualisierung		Neuorientierung
Festhalten · Bewahren	Haben & Genießen	Sein & Verändern	Machen & Erleben	Grenzen überwinden
Traditions-verwurzelung	Modernisierte Tradition	Lebensstandard, Status, Besitz	Selbstverwirklichung, Emanzipation, Authentizität	Multioptionalität, Beschleunigung, Pragmatismus	Exploration, Refokussierung, neue Synthesen

Sinus-Milieus:
- Konservativ-Etablierte 39%
- Liberal-Intellektuelle 29%
- Performer 33%
- Expeditive 35%
- Traditionelle 35%
- Bürgerliche Mitte 30%
- Sozialökologische 33%
- Adaptiv-Pragmatische 32%
- Prekäre 26%
- Hedonisten 21%

= überrepräsentiert = durchschnittlich = unterrepräsentiert

Abb. 9

Gehören Sie zur Zeit einer Religions-/ Glaubensgemeinschaft an?
Katholisch

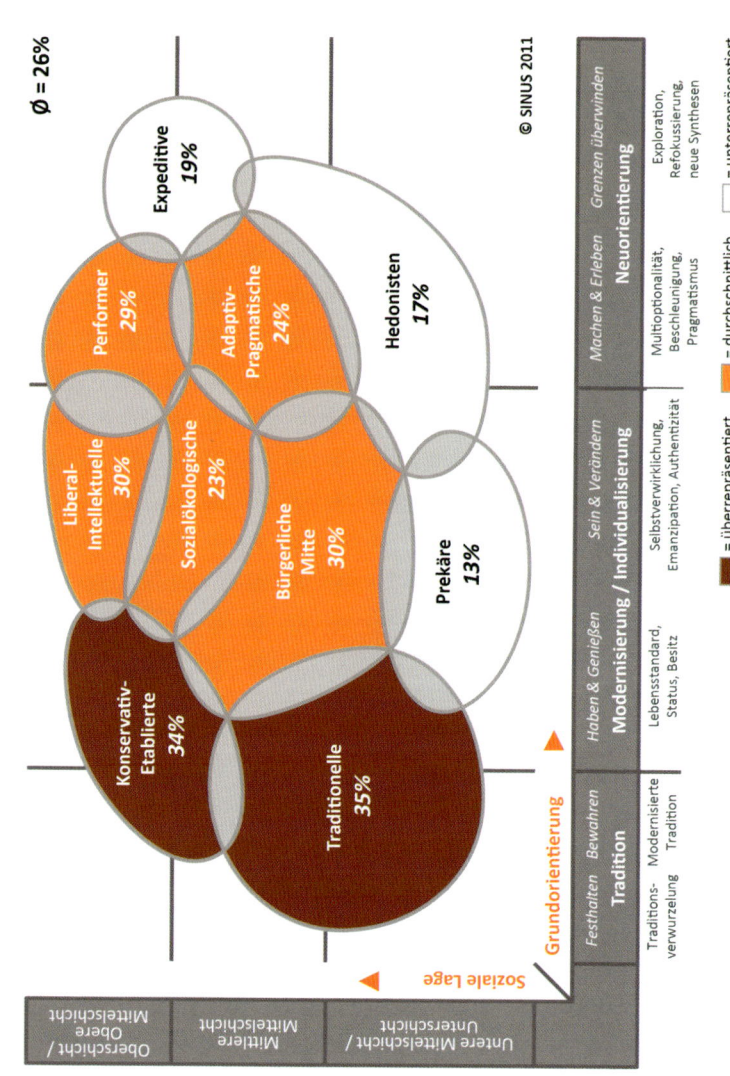

Abb. 10

Konfessionslose nach Sinus-Milieus

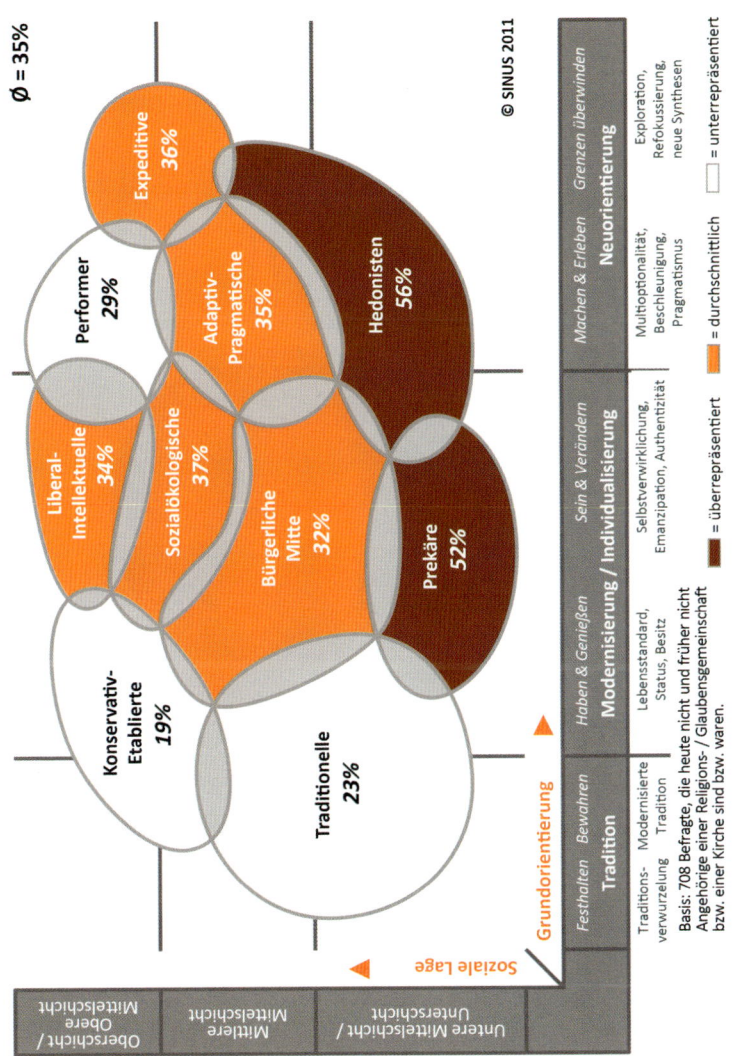

Ø = 35%

Soziale Lage ◄

- Oberschicht / Obere Mittelschicht
- Mittlere Mittelschicht
- Untere Mittelschicht / Unterschicht

Grundorientierung ►

Konservativ-Etablierte **19%**

Liberal-Intellektuelle **34%**

Performer **29%**

Expeditive **36%**

Sozialökologische **37%**

Adaptiv-Pragmatische **35%**

Bürgerliche Mitte **32%**

Traditionelle **23%**

Prekäre **52%**

Hedonisten **56%**

© SINUS 2011

		Tradition	Modernisierung / Individualisierung		Neuorientierung
		Festhalten Bewahren	Haben & Genießen	Sein & Verändern	Machen & Erleben	Grenzen überwinden
		Traditions-verwurzelung	Modernisierte Tradition	Lebensstandard, Status, Besitz	Selbstverwirklichung, Emanzipation, Authentizität	Multioptionalität, Beschleunigung, Pragmatismus	Exploration, Refokussierung, neue Synthesen

Basis: 708 Befragte, die heute nicht und früher nicht Angehörige einer Religions-/ Glaubensgemeinschaft bzw. einer Kirche sind bzw. waren.

■ = überrepräsentiert   ■ = durchschnittlich   □ = unterrepräsentiert

Abb. 11

Wie ist Ihr Verhältnis zu der Kirche / Religionsgemeinschaft, der Sie angehören bzw. angehört haben?

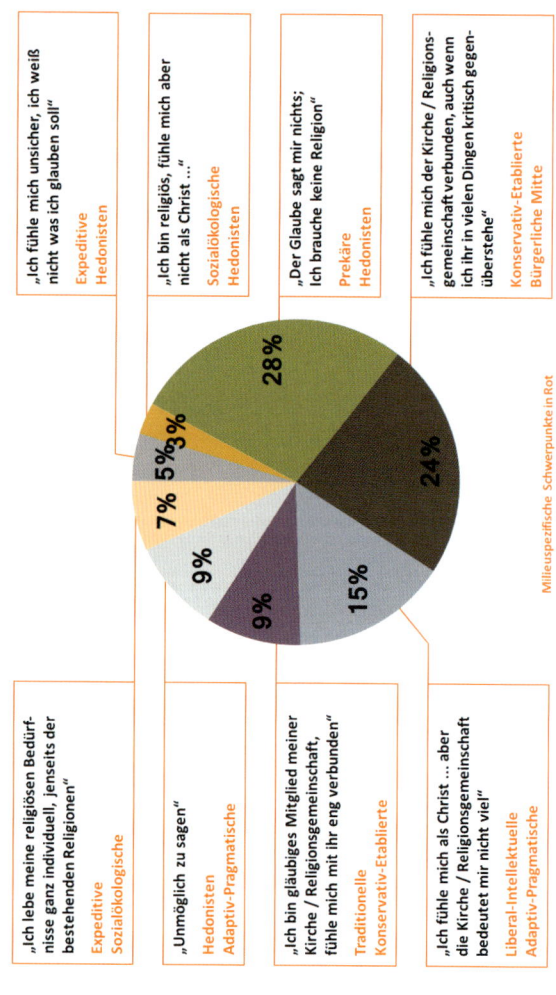

„Ich lebe meine religiösen Bedürfnisse ganz individuell, jenseits der bestehenden Religionen"

Expeditive
Sozialökologische

„Unmöglich zu sagen"

Hedonisten
Adaptiv-Pragmatische

„Ich bin gläubiges Mitglied meiner Kirche / Religionsgemeinschaft, fühle mich mit ihr eng verbunden"

Traditionelle
Konservativ-Etablierte

„Ich fühle mich als Christ ... aber die Kirche / Religionsgemeinschaft bedeutet mir nicht viel"

Liberal-Intellektuelle
Adaptiv-Pragmatische

„Ich fühle mich unsicher, ich weiß nicht was ich glauben soll"

Expeditive
Hedonisten

„Ich bin religiös, fühle mich aber nicht als Christ ..."

Sozialökologische
Hedonisten

„Der Glaube sagt mir nichts; ich brauche keine Religion"

Prekäre
Hedonisten

„Ich fühle mich der Kirche / Religionsgemeinschaft verbunden, auch wenn ich ihr in vielen Dingen kritisch gegenüberstehe"

Konservativ-Etablierte
Bürgerliche Mitte

Milieuspezifische Schwerpunkte in Rot

Abb. 12

Ich bin gläubiges Mitglied meiner Kirche / Religionsgemeinschaft, fühle mich mit ihr eng verbunden

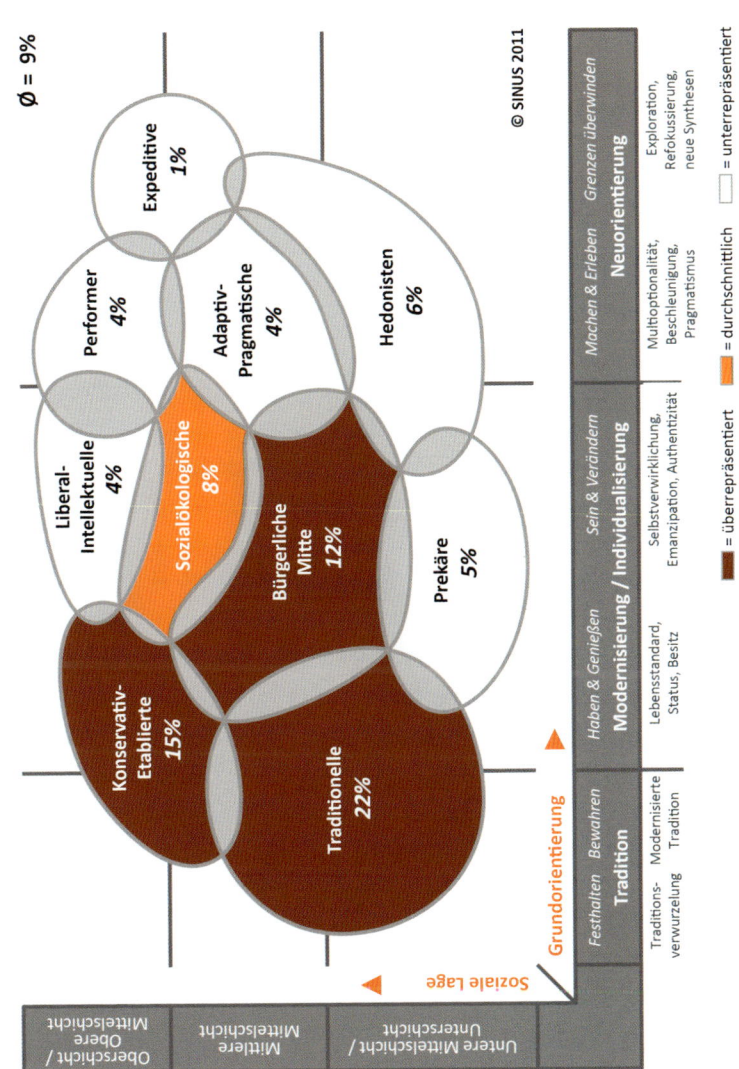

Abb. 13

Ich fühle mich der Kirche / Religionsgemeinschaft verbunden, auch wenn ich ihr in vielen Dingen kritisch gegenüberstehe

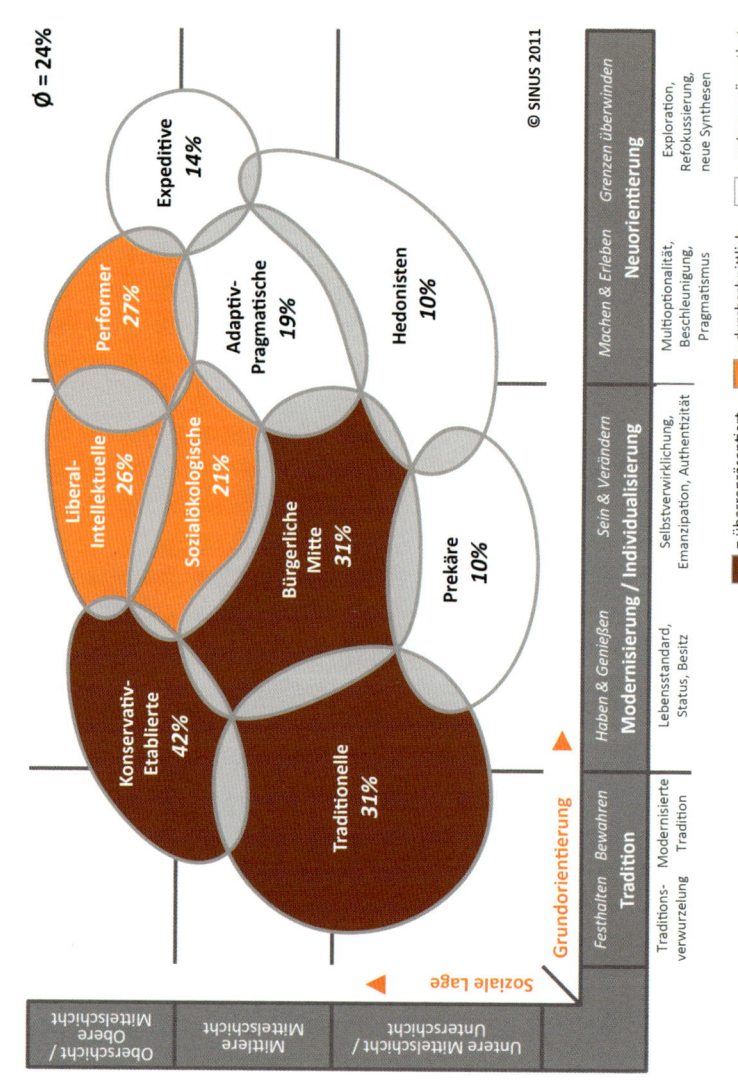

Abb. 14

Ich fühle mich als Christ / Moslem / Jude ... aber die Kirche / Religionsgemeinschaft bedeutet mir nicht viel

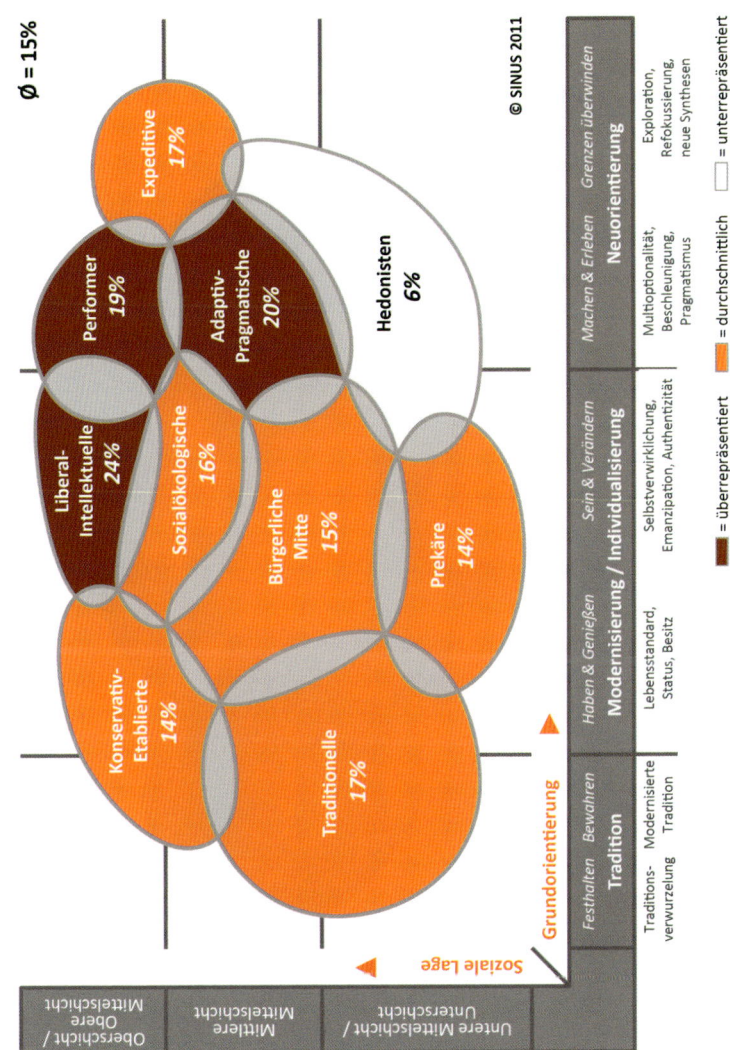

Ø = 15%

Soziale Lage

- Oberschicht / Obere Mittelschicht
- Mittlere Mittelschicht
- Untere Mittelschicht / Unterschicht

Grundorientierung

Festhalten	Bewahren	Haben & Genießen	Sein & Verändern	Machen & Erleben	Grenzen überwinden
Tradition		**Modernisierung / Individualisierung**		**Neuorientierung**	
Traditions-verwurzelung	Modernisierte Tradition	Lebensstandard, Status, Besitz	Selbstverwirklichung, Emanzipation, Authentizität	Multioptionalität, Beschleunigung, Pragmatismus	Exploration, Refokussierung, neue Synthesen

Konservativ-Etablierte 14%

Liberal-Intellektuelle 24%

Performer 19%

Expeditive 17%

Traditionelle 17%

Sozialökologische 16%

Bürgerliche Mitte 15%

Adaptiv-Pragmatische 20%

Prekäre 14%

Hedonisten 6%

© SINUS 2011

■ = überrepräsentiert ■ = durchschnittlich □ = unterrepräsentiert

Abb. 15

Ich bin religiös, fühle mich aber nicht als Christ / Moslem / Jude ...

Ø = 3%

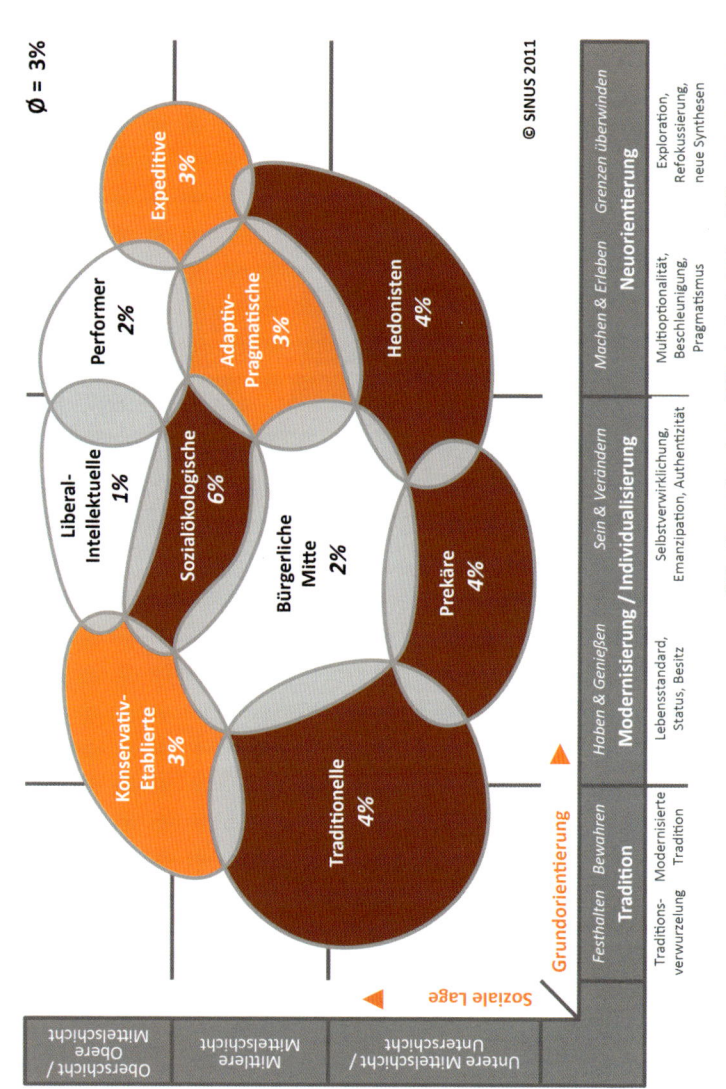

© SINUS 2011

Soziale Lage

- Oberschicht / Obere Mittelschicht
- Mittlere Mittelschicht
- Untere Mittelschicht / Unterschicht

Grundorientierung

	Tradition	Modernisierung / Individualisierung	Neuorientierung
	Festhalten Bewahren	Haben & Genießen · Sein & Verändern	Machen & Erleben · Grenzen überwinden
	Traditions-verwurzelung / Modernisierte Tradition	Lebensstandard, Status, Besitz / Selbstverwirklichung, Emanzipation, Authentizität / Multioptionalität, Beschleunigung, Pragmatismus	Exploration, Refokussierung, neue Synthesen

Sinus-Milieus:

- Konservativ-Etablierte 3%
- Liberal-Intellektuelle 1%
- Performer 2%
- Expeditive 3%
- Sozialökologische 6%
- Bürgerliche Mitte 2%
- Adaptiv-Pragmatische 3%
- Traditionelle 4%
- Prekäre 4%
- Hedonisten 4%

Legende:
- ■ = überrepräsentiert
- ■ = durchschnittlich
- ☐ = unterrepräsentiert

Abb. 16

Ich lebe meine religiösen Bedürfnisse ganz individuell, jenseits der bestehenden Religionen

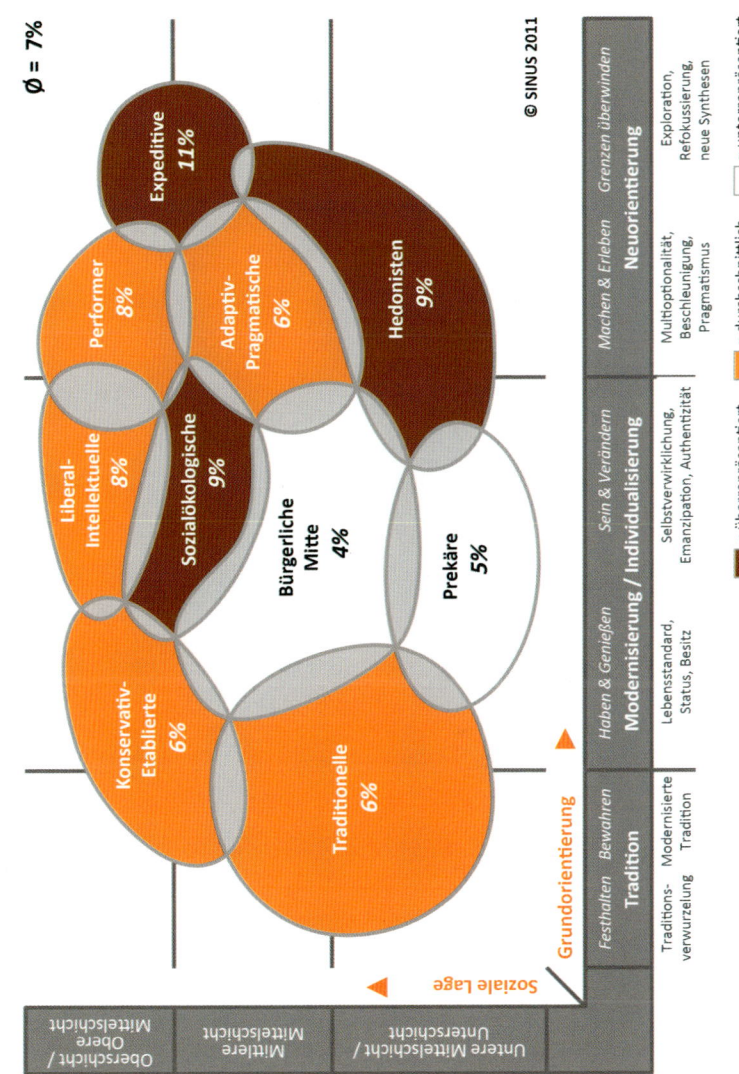

Abb. 17

Ich fühle mich unsicher, ich weiß nicht, was ich glauben soll

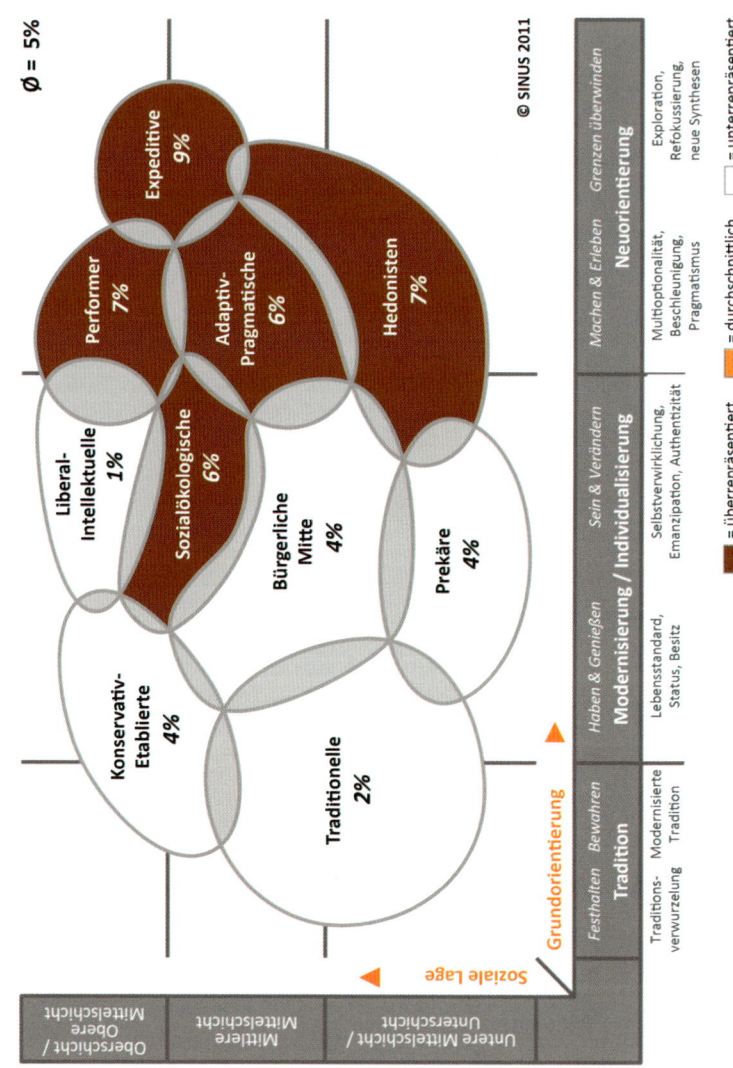

Abb. 18

Unmöglich zu sagen

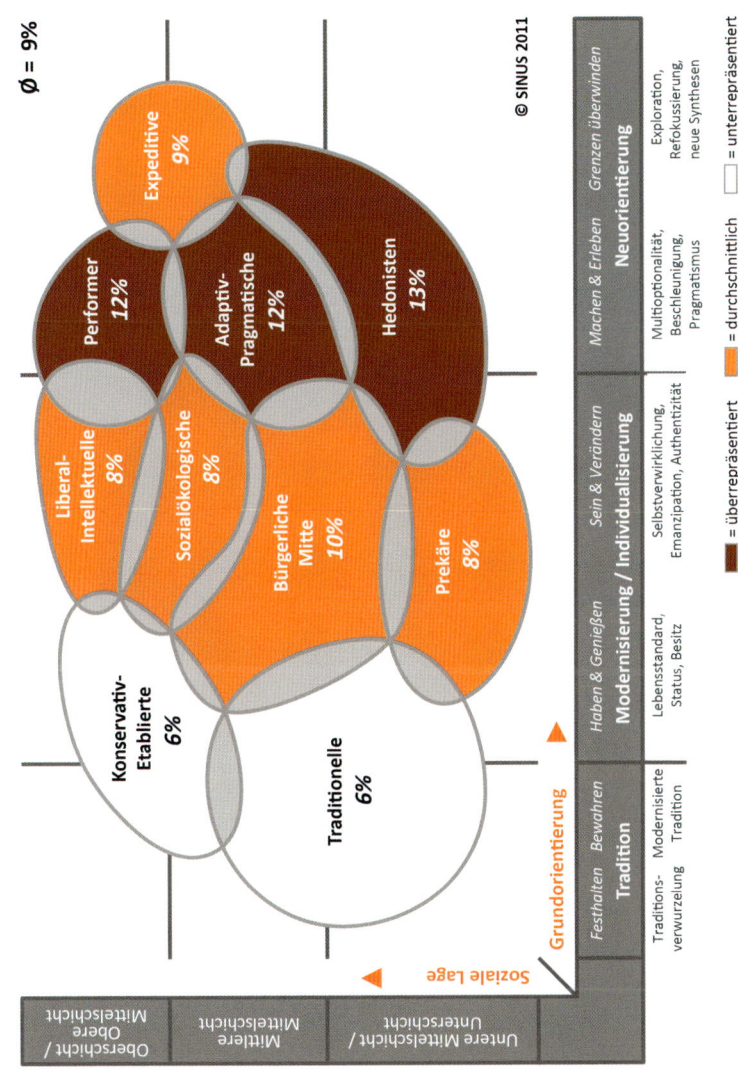

Ø = 9%

Expeditive 9%

Performer 12%

Adaptiv-Pragmatische 12%

Hedonisten 13%

Liberal-Intellektuelle 8%

Sozialökologische 8%

Bürgerliche Mitte 10%

Prekäre 8%

Konservativ-Etablierte 6%

Traditionelle 6%

Oberschicht / Obere Mittelschicht

Mittlere Mittelschicht

Untere Mittelschicht / Unterschicht

Soziale Lage

Grundorientierung

Tradition		Modernisierung / Individualisierung		Neuorientierung
Festhalten	Bewahren	Haben & Genießen	Sein & Verändern	Machen & Erleben	Grenzen überwinden

Traditions-verwurzelung

Modernisierte Tradition

Lebensstandard, Status, Besitz

Selbstverwirklichung, Emanzipation, Authentizität

Multioptionalität, Beschleunigung, Pragmatismus

Exploration, Refokussierung, neue Synthesen

■ = überrepräsentiert   ■ = durchschnittlich   □ = unterrepräsentiert

© SINUS 2011

Abb. 19

Der Glaube sagt mir nichts. Ich brauche keine Religion

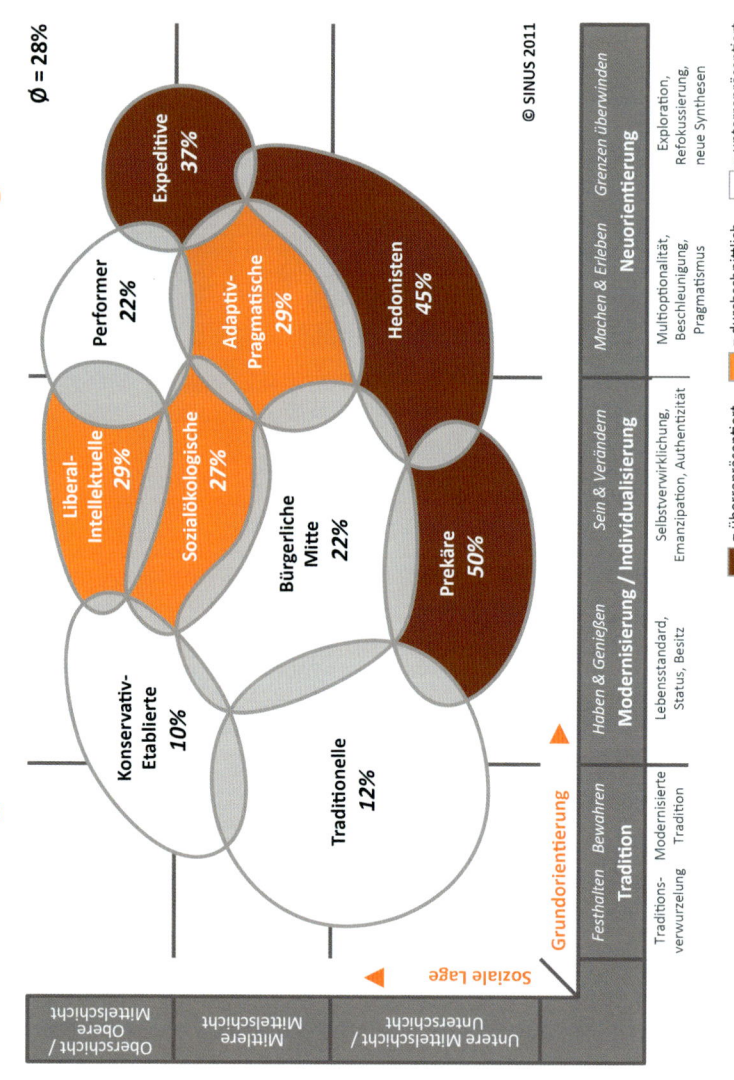

Ø = 28%

Soziale Lage

- Oberschicht / Obere Mittelschicht
- Mittlere Mittelschicht
- Untere Mittelschicht / Unterschicht

Grundorientierung

Tradition	Modernisierung / Individualisierung	Neuorientierung
Festhalten Bewahren	Haben & Genießen Sein & Verändern	Machen & Erleben Grenzen überwinden
Traditions-verwurzelung Modernisierte Tradition	Lebensstandard, Status, Besitz Selbstverwirklichung, Emanzipation, Authentizität	Multioptionalität, Beschleunigung, Pragmatismus Exploration, Refokussierung, neue Synthesen

- Konservativ-Etablierte 10%
- Liberal-Intellektuelle 29%
- Performer 22%
- Expeditive 37%
- Traditionelle 12%
- Sozialökologische 27%
- Bürgerliche Mitte 22%
- Adaptiv-Pragmatische 29%
- Hedonisten 45%
- Prekäre 50%

= überrepräsentiert   = durchschnittlich   = unterrepräsentiert

© SINUS 2011

Abb. 20

Anteil der Katholiken in den Sinus-Milieus*

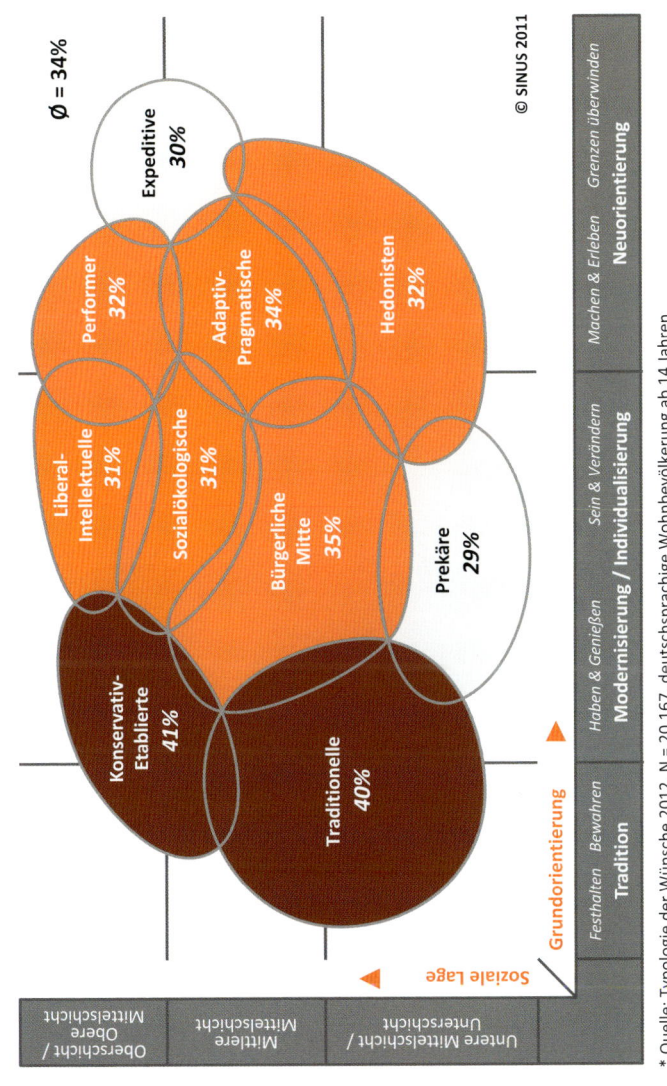

Ø = 34%

Soziale Lage
- Oberschicht / Obere Mittelschicht
- Mittlere Mittelschicht
- Untere Mittelschicht / Unterschicht

Grundorientierung

Tradition	Modernisierung / Individualisierung	Neuorientierung
Festhalten Bewahren	Haben & Genießen	Sein & Verändern	Machen & Erleben	Grenzen überwinden

Konservativ-Etablierte 41%
Traditionelle 40%
Liberal-Intellektuelle 31%
Sozialökologische 31%
Performer 32%
Expeditive 30%
Bürgerliche Mitte 35%
Adaptiv-Pragmatische 34%
Prekäre 29%
Hedonisten 32%

© SINUS 2011

■ = überrepräsentiert ■ = durchschnittlich □ = unterrepräsentiert

* Quelle: Typologie der Wünsche 2012, N = 20.167, deutschsprachige Wohnbevölkerung ab 14 Jahren

Abb. 21

Milieustruktur der Evangelischen in Baden-Württemberg

Soziale Lage und Grundorientierung

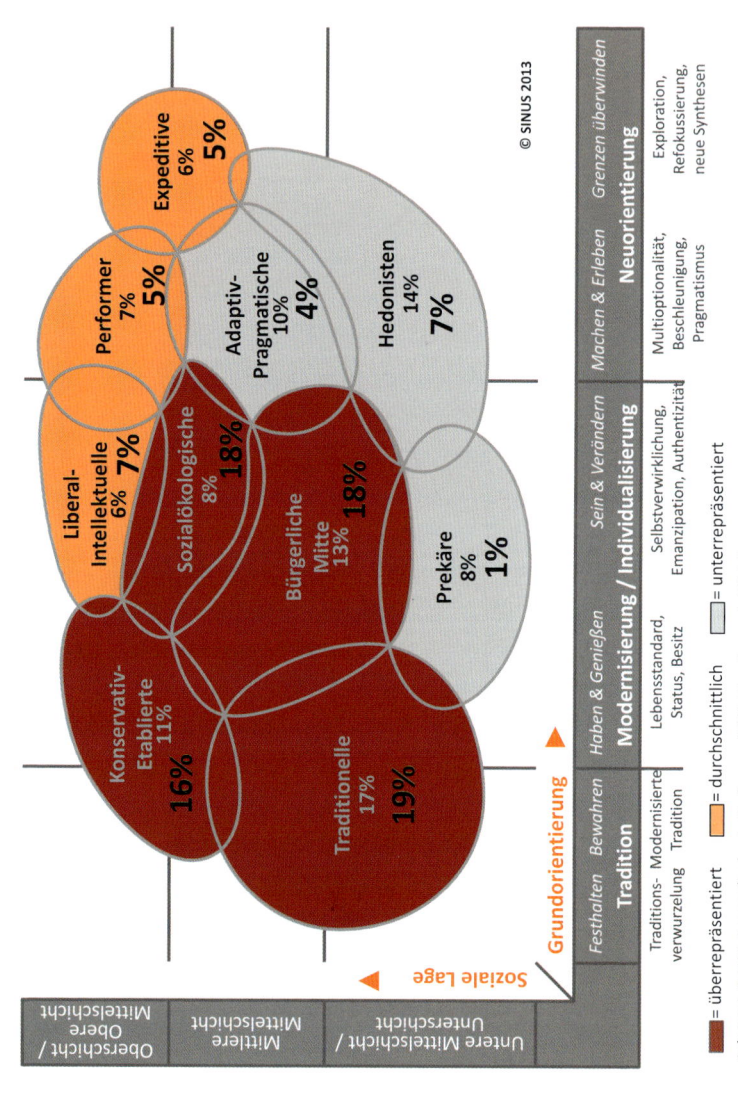

© SINUS 2013

Soziale Lage (vertikale Achse von oben nach unten):
- Oberschicht / Obere Mittelschicht
- Mittlere Mittelschicht
- Untere Mittelschicht / Unterschicht

Grundorientierung (horizontale Achse):

Tradition	Modernisierung / Individualisierung	Neuorientierung
Festhalten Bewahren	Haben & Genießen — Sein & Verändern	Machen & Erleben — Grenzen überwinden
Traditions-verwurzelung — Modernisierte Tradition	Lebensstandard, Status, Besitz — Selbstverwirklichung, Emanzipation, Authentizität	Multioptionalität, Beschleunigung, Pragmatismus — Exploration, Refokussierung, neue Synthesen

Milieus:
- Konservativ-Etablierte 11% **16%**
- Liberal-Intellektuelle 6% **7%**
- Performer 7% **5%**
- Expeditive 6% **5%**
- Sozialökologische 8% **18%**
- Bürgerliche Mitte 13% **18%**
- Adaptiv-Pragmatische 10% **4%**
- Traditionelle 17% **19%**
- Prekäre 8% **1%**
- Hedonisten 14% **7%**

Legende:
- ■ = überrepräsentiert (rot)
- ■ = durchschnittlich (orange)
- ■ = unterrepräsentiert (grau)

Schwarz: 2.024 Evangelische in Baden und Württemberg ab 18 Jahren
Grau: Vergleichswerte aus VerbraucherAnalyse 2012; Basis: 3.591 Fälle in Baden-Württemberg ab 18 Jahren

Abb. 22

Milieu-Trend im Bereich der Evangelischen Landeskirche in Württemberg

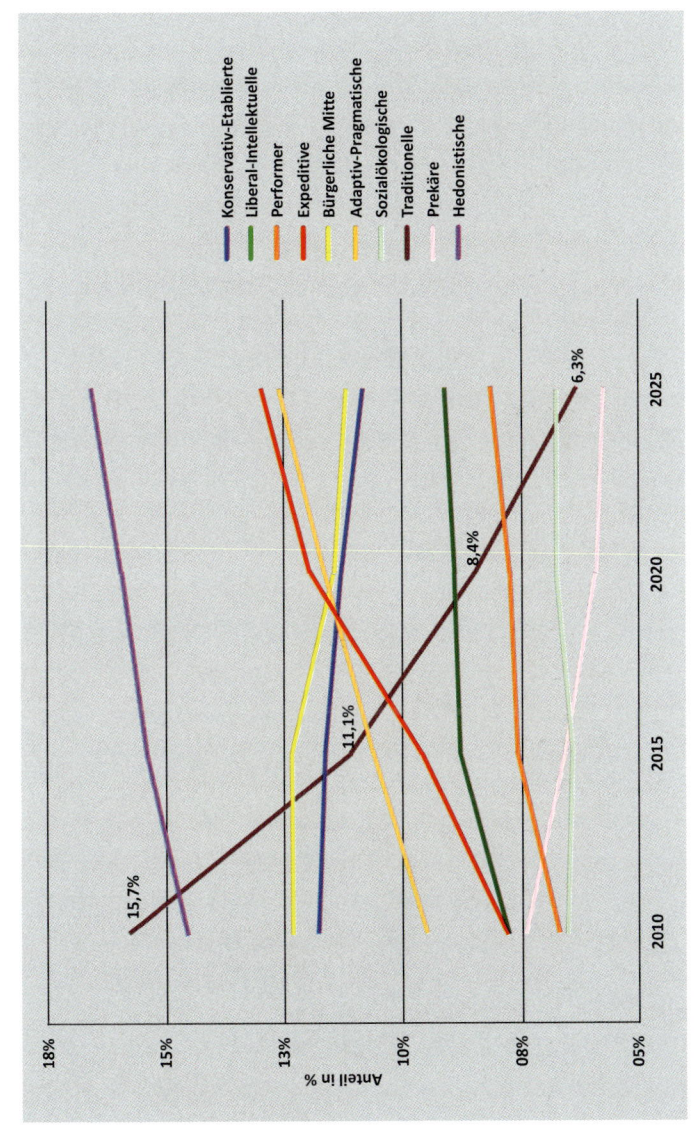

Abb. 23

Pastorentagung Niedersachsen-Vereinigung, April 2014

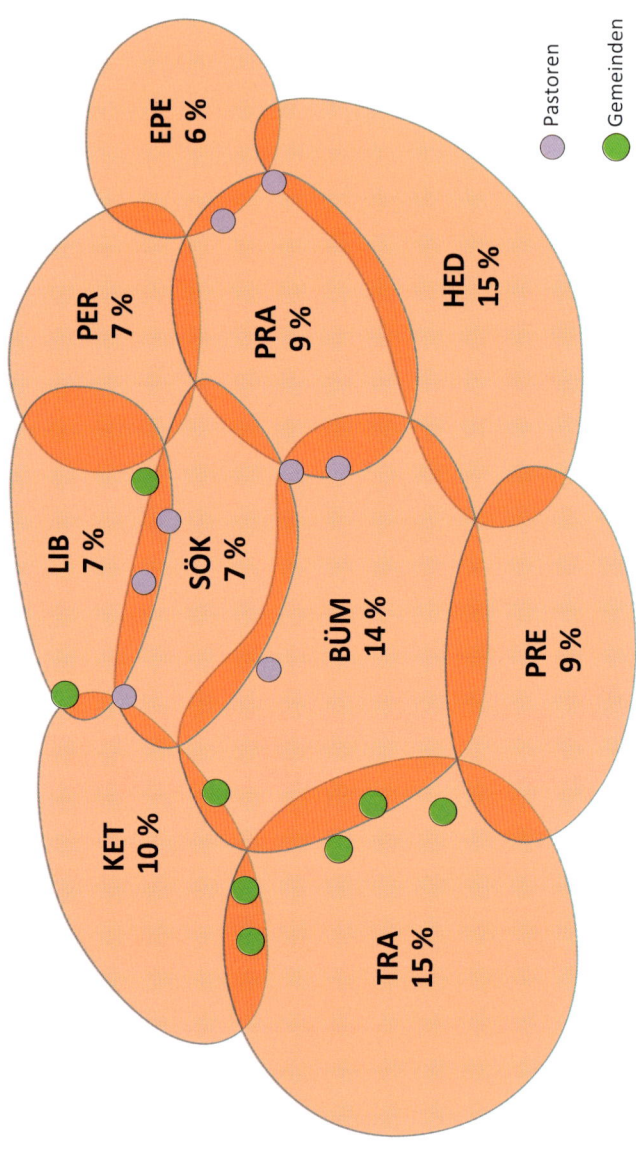

Pastoren
Gemeinden

EPE
6 %

PER
7 %

PRA
9 %

HED
15 %

LIB
7 %

SÖK
7 %

BÜM
14 %

PRE
9 %

KET
10 %

TRA
15 %

KET = Konservativ-Etablierte / LIB = Liberal-Intellektuelle / PER = Performer / EPE = Expeditive / PRA = Adaptiv-Pragmatische
BÜM = Bürgerliche Mitte / SÖK = Sozialökologisches Milieu / TRA = Traditionelle / PRE = Prekäre / HED = Hedonisten

Abb. 24

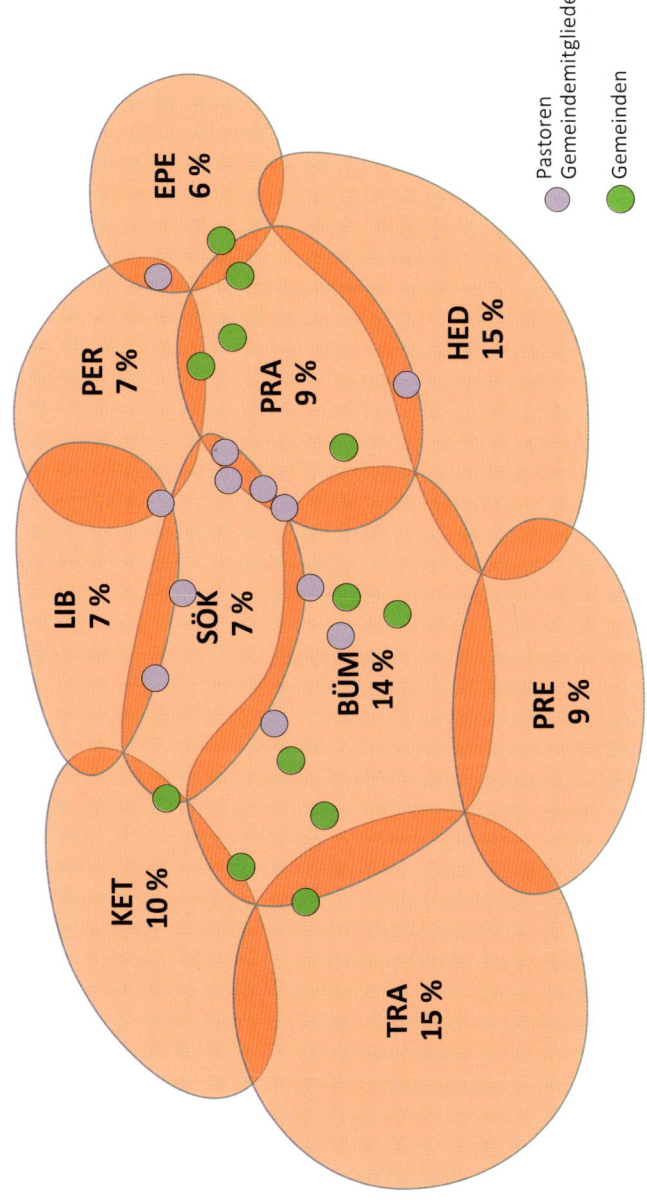

3. Adventistischer Führungskongress, September 2015

EPE 6 %
PER 7 %
PRA 9 %
HED 15 %
LIB 7 %
SÖK 7 %
BÜM 14 %
PRE 9 %
KET 10 %
TRA 15 %

Pastoren
Gemeindemitglieder

Gemeinden

Abb. 25

Praktikantenabschlusslehrgang, Oktober 2015

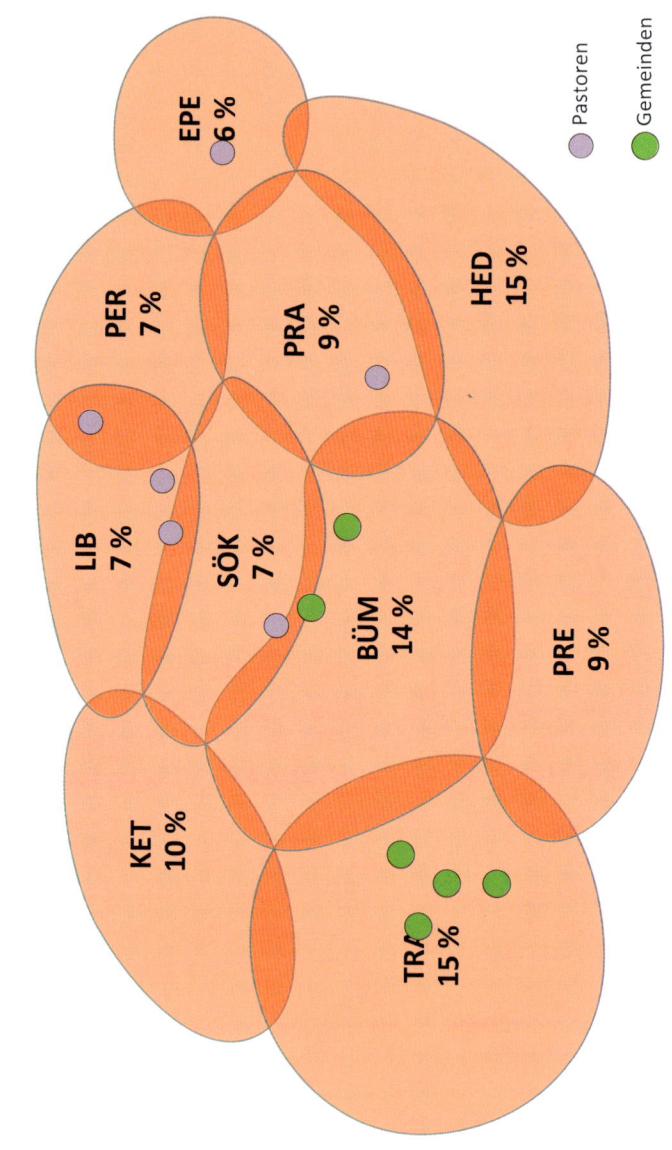

Pastoren

Gemeinden

EPE 6 %

PER 7 %

PRA 9 %

HED 15 %

LIB 7 %

SÖK 7 %

BÜM 14 %

PRE 9 %

KET 10 %

TRA 15 %

Abb. 26

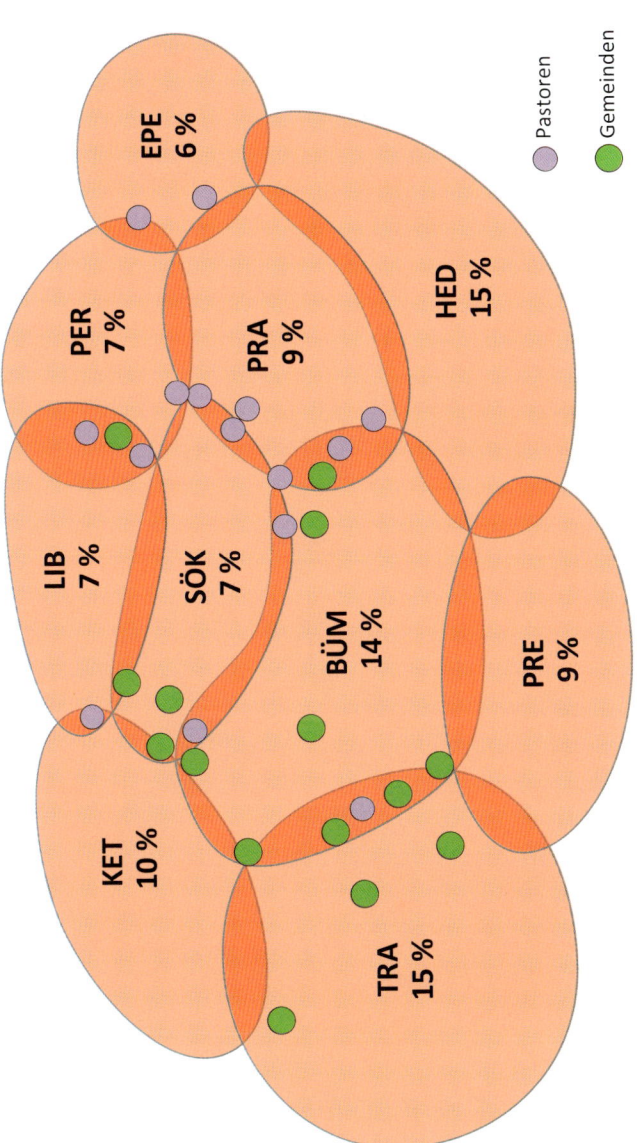

Praktikantenabschlusslehrgang, Oktober 2016

EPE 6 %

PER 7 %

HED 15 %

PRA 9 %

LIB 7 %

SÖK 7 %

BÜM 14 %

PRE 9 %

KET 10 %

TRA 15 %

Pastoren

Gemeinden

Abb. 27

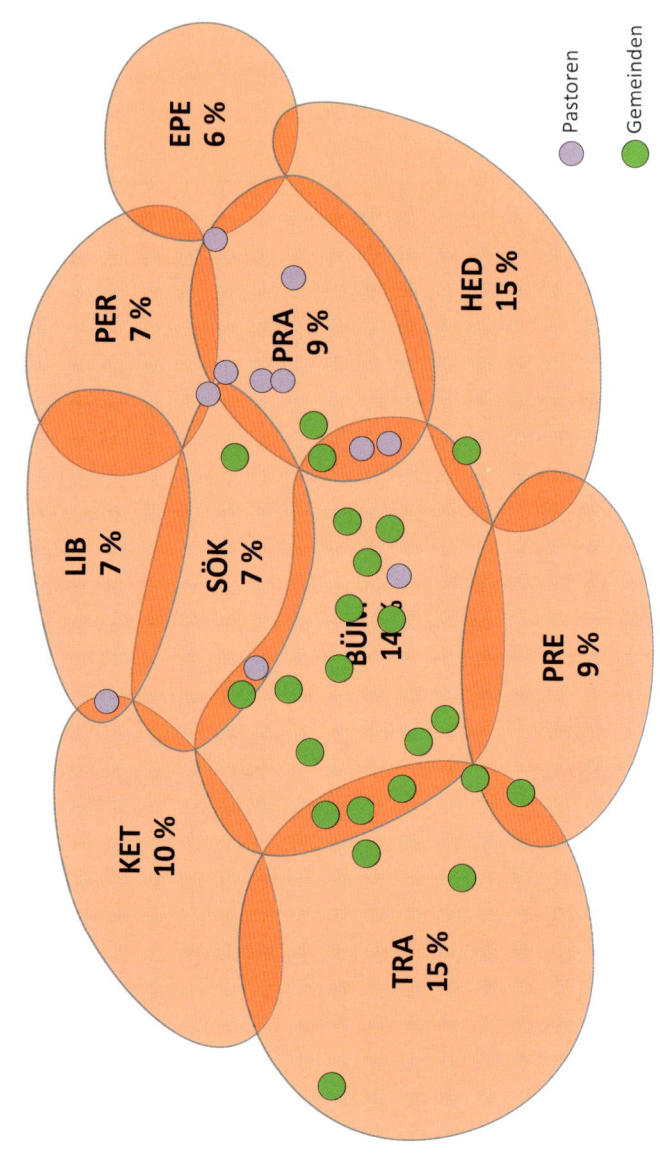

Praktikantenabschlusslehrgang, Oktober 2017

EPE 6 %

PER 7 %

PRA 9 %

HED 15 %

LIB 7 %

SÖK 7 %

BÜO 14 %

PRE 9 %

KET 10 %

TRA 15 %

Pastoren

Gemeinden

Abb. 28

Gemeindewochenende über Sinus-Milieus® in Berlin-Pankow, Februar 2017

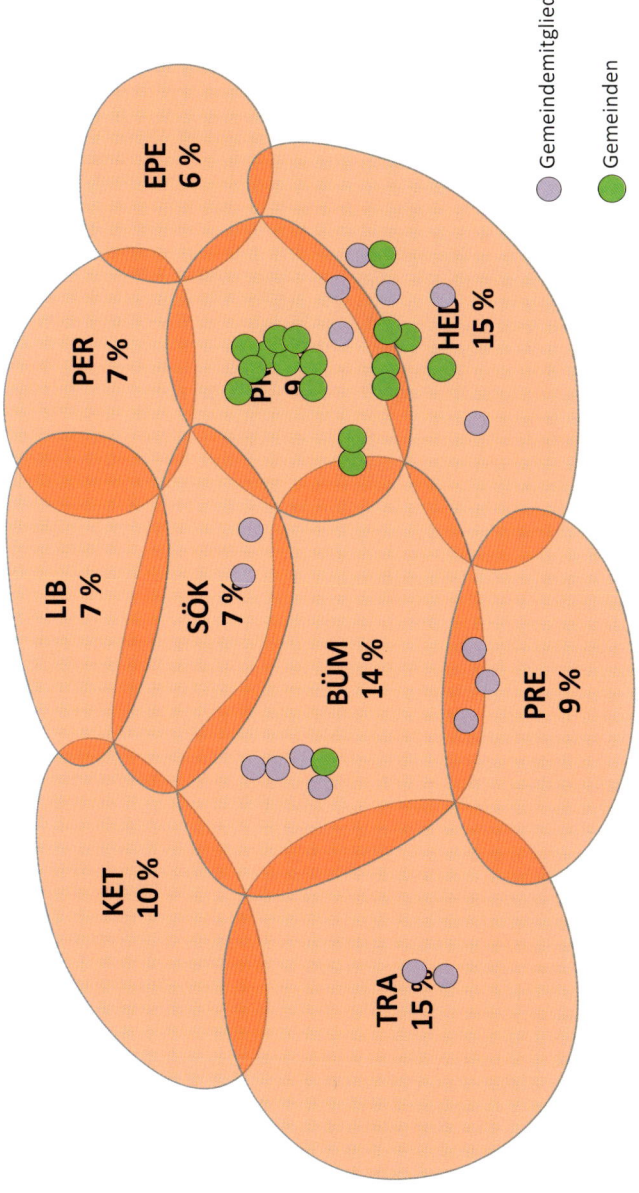

- Gemeindemitglieder
- Gemeinden

EPE
6 %

PER
7 %

HEL
15 %

PR...
9

LIB
7 %

SÖK
7 %

BÜM
14 %

PRE
9 %

KET
10 %

TRA
15 %

Abb. 29

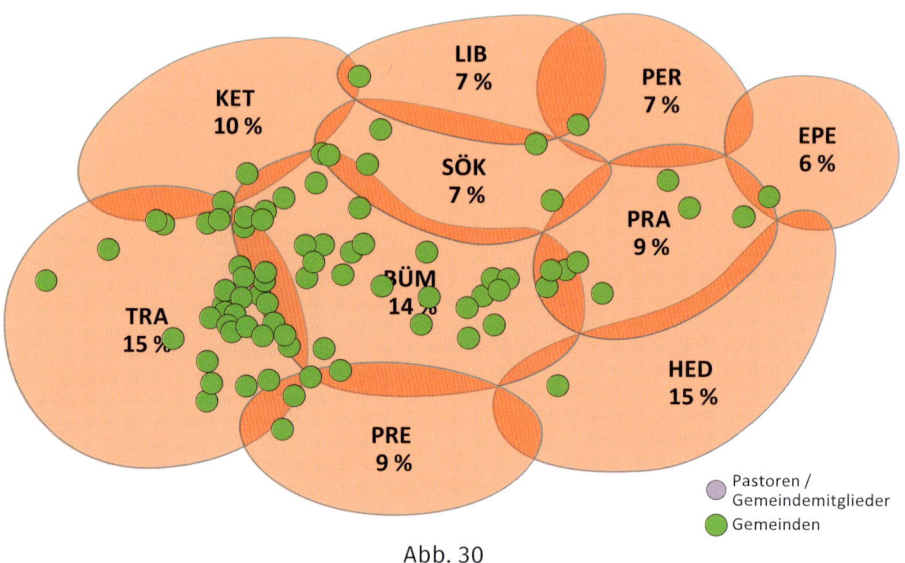

Gesamtübersicht der Stichproben (Gemeinden)

Abb. 30

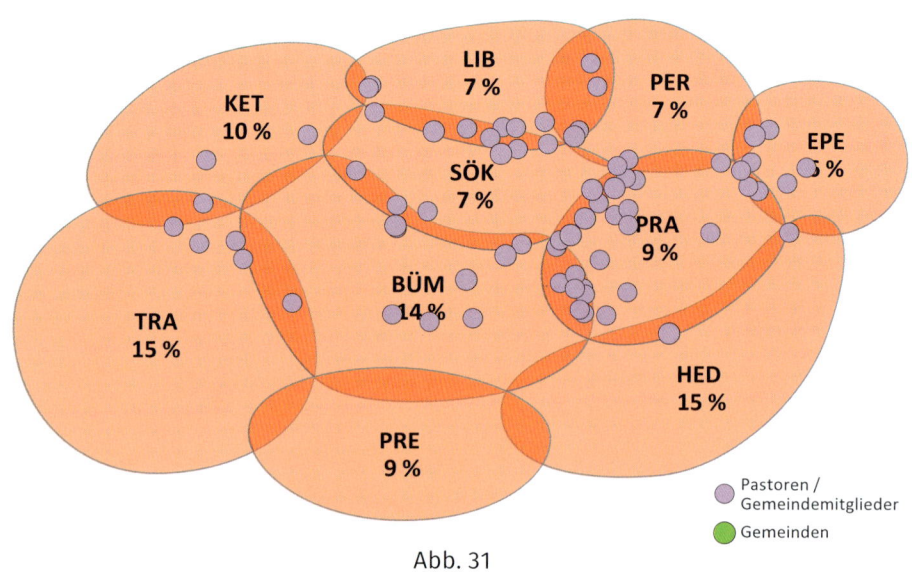

Gesamtübersicht der Stichproben (Pastoren / Gemeindeglieder)

Abb. 31

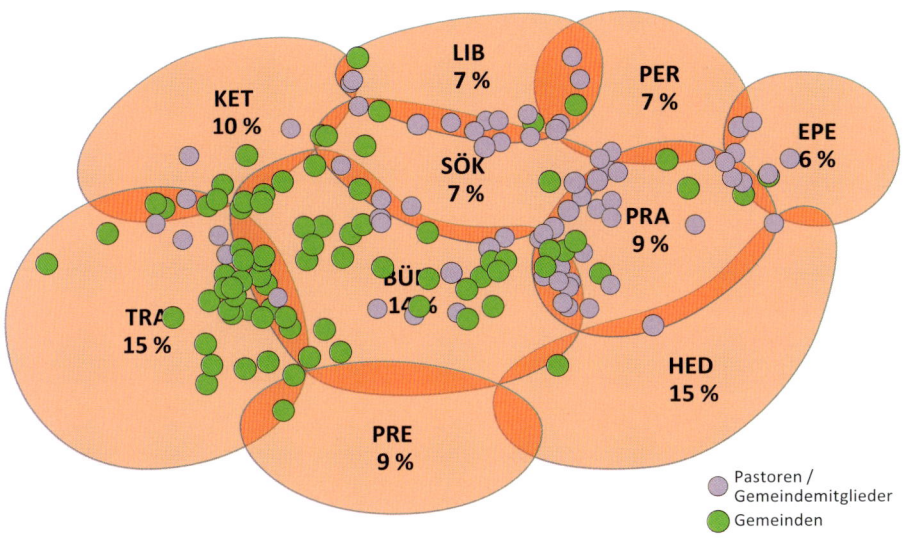

Gesamtübersicht der Stichproben

Abb. 32

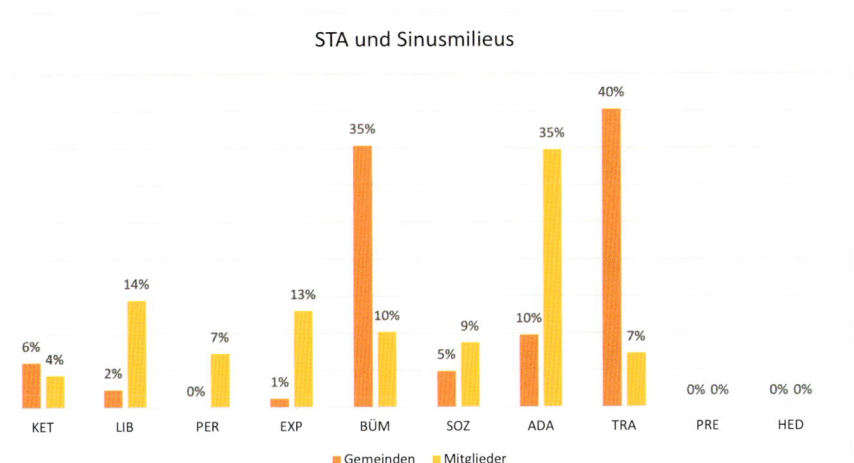

STA und Sinusmilieus

Abb. 33

Jesus Christus ist das Fundament für alle Milieus

Expeditive 6%

Liberal-intellektuelle 7%

Performer 7%

Adaptiv-Pragmatische 9%

Hedonisten 15%

Sozialökologische 7%

Konservativ-Etablierte 10%

Bürgerliche Mitte 14%

Prekäre 9%

Traditionelle 15%

Abb. 34